吉林财经大学资助出版

吉林财经大学资助出版

恶意透支型信用卡诈骗罪司法适用研究

Research on Judicial Application of
Malicious Overdraft Credit Card Fraud

白 玥 著

中国社会科学出版社

图书在版编目（CIP）数据

恶意透支型信用卡诈骗罪司法适用研究／白玥著. —北京：中国社会科学出版社，2024.8
ISBN 978－7－5227－3669－3

Ⅰ.①恶…　Ⅱ.①白…　Ⅲ.①信用卡—诈骗罪—研究—中国　Ⅳ.①D924.354

中国国家版本馆 CIP 数据核字（2024）第 110732 号

出 版 人	赵剑英
责任编辑	许　琳
责任校对	苏　颖
责任印制	郝美娜

出　　版	中国社会科学出版社
社　　址	北京鼓楼西大街甲 158 号
邮　　编	100720
网　　址	http://www.csspw.cn
发 行 部	010－84083685
门 市 部	010－84029450
经　　销	新华书店及其他书店

印　　刷	北京君升印刷有限公司
装　　订	廊坊市广阳区广增装订厂
版　　次	2024 年 8 月第 1 版
印　　次	2024 年 8 月第 1 次印刷

开　　本	710×1000　1/16
印　　张	12
字　　数	201 千字
定　　价	68.00 元

凡购买中国社会科学出版社图书，如有质量问题请与本社营销中心联系调换
电话：010－84083683
版权所有　侵权必究

前　言

随着国家信用体系建设的不断深入，信用卡在当前的经济生活中仍然扮演着重要的支付角色。即使是在支付宝、微信支付等以互联网为平台的第三方支付工具盛行的当下，信用卡作为支付工具"主力军"的地位也并未被撼动。无论是在累计发卡量、授信额度、交易总额、信贷规模还是在人均持卡量、授信使用率等方面，都呈现出较强的发展态势。而且，随着央行对非银支付机构从严监管的高压态势以及"物理卡"向移动端手机支付的转移，信用卡正在线上、线下扮演着越来越重要的支付作用。而作为信用社会体系建设的重要一环，基于信用卡进行的诈骗活动势必成为社会关注的焦点。其中，恶意透支型作为信用卡诈骗罪的重灾区，直接危及信用体系建设的根基。因此，也必然成为司法裁判重点关注的对象。基于此，本书以恶意透支型信用卡诈骗罪案件最高发的福建省、上海市和广东省的1240份恶意透支型信用卡诈骗罪一审裁判文书作为实证研究的样本。通过对恶意透支型信用卡诈骗罪司法裁判数据的梳理、分析，剖析构成要件要素在司法裁判过程中的适用样态及适用症结，挖掘恶意透支型信用卡诈骗罪在司法适用中的扩张化趋势。为防控风险社会下的刑法风险，亟须明确恶意透支型信用卡诈骗罪司法适用扩张化的根源。即一方面，对恶意透支型信用卡诈骗罪保护法益的定位不清，导致对构成要件要素的司法适用出现偏差。另一方面，在定罪逻辑中，忽视对发卡银行过错的考量，使得无形中加重了被告人入罪的可能。如此，开展对恶意透支型信用卡诈骗罪保护法益和发卡银行过错的研究，并在此基础上，建构恶意透支型信用卡诈骗罪入罪与出罪双轨制下的司法适用路径。

具体而言，在恶意透支型信用卡诈骗罪司法适用扩张化症结层面。通过恶意透支型信用卡诈骗罪裁判文书中所展现出的司法裁判来看，主要涉及两个层面的考察，即规范与事实。其中规范层面主要围绕恶意透支型信用卡诈骗罪构成要件要素的司法适用，事实层面主要涉及恶意透支型信用卡诈骗罪个案事实的生成。对于恶意透支型信用卡诈骗罪构成要件要素的解读过程，由于对其保护法益出现定位偏差，无论是单一法益说之财产保护说、信用保护说，还是双重法益说之财产保护与秩序违反说、财产保护说与信用保护说，对于恶意透支型信用卡诈骗罪构成要件要素适用的指导意义都有失偏颇。故而，有必要在明了恶意透支型信用卡诈骗罪立法精神的前提下，确立"双重法益说"的解释依据地位。而且，该学说也能与恶意透支这一不法类型完美契合，显现出较强的解释力。针对恶意透支这一特殊的信用卡诈骗类型，应该将信用利益法益和财产法益确立为恶意透支型信用卡诈骗罪的保护法益，也更具有现实意义。本书在运用刑法教义学分析的基础上又纳入了金融学的相关理论对其进行分析，认为该双重法益下也应有保护的主次之分，即主要保护法益是信用利益法益，次要法益是发卡银行的财产，恶意透支型信用卡诈骗罪的基本性质为具有诈骗性质的侵犯信用交易产生的信用利益的经济犯罪，而非单纯性的侵财犯罪。对于恶意透支型信用卡诈骗罪个案事实生成的解读，则必然涉及对发卡银行过错的考量。在对案件事实梳理的过程中，笔者发现，发卡银行过错可以对恶意透支型信用卡诈骗罪的定罪产生影响。故此，以发卡银行过错对定罪的影响作为切入点展开研究，即嵌入被害人信条学的理论。被害人信条学所蕴含的对个罪保护范围的判断思路正是当下恶意透支型信用卡诈骗罪理论研究的缺失部分，且被害人信条学饱受争议的被害人是否可以通过与刑法同样有效的行为进行自我保护也于发卡银行这一特殊主体身份具有谨慎义务和风险识别能力的论述中得到了有效解答。最终得出发卡银行过错可以阻却行为人的不法,对恶意透支型信用卡诈骗罪的定罪产生影响的结论。

在恶意透支型信用卡诈骗罪限缩司法适用路径建构层面,即入罪与出罪路径的建构。通过对司法适用问题的厘清,本书从入罪限制与出罪扩宽这两个角度构建了恶意透支型信用卡诈骗罪的司法适用的双轨制路径,试图从根本上达到限缩恶意透支型信用卡诈骗罪司法适用的目的。第一,在双重法益下对构成要件要素进行重新解读。以信用利益法益为指导,将"信用卡"的核心限定为该电子卡片或者依附于该卡片而存在、发展的相关业务的申请或获批是否需要行为人提供除其自身信用以外的抵押物或担保物。将发卡银行遭受财产损失也纳入"超过规定期限透支"这一构成要件要素的考量,信用卡逾期状态与发卡银行信用利益受损以及财产损失具有本质的区别。从发卡银行的财产和信用利益出发,严格将利息、滞纳金等由于行为人逾期而产生的相关费用刨除在犯罪数额的计算当中等。以双重法益为指导,将非法占有目的中的排除意思扩张为给发卡银行造成财产损失的主观认识和意欲,充分发挥非法占有目的界定罪与非罪的作用。第二,双重法益下催收的司法适用限定作用。从双重法益出发,裁判者完全可以只选择"经发卡银行两次催收后仍不归还"或"超过规定期限透支"其中之一来完成对发卡银行财产损失的认定,故而可以否定催收作为构成要件必备要素的体系地位。此外,如果将其作为非法占有目的的推定要素,其设立价值将会被矮化至不需要进行司法认定的地步。因此,将催收界定为客观处罚条件较为适宜。既符合刑法的保护目的,也与刑罚目的相契合,亦符合当下恶意透支型信用卡诈骗罪的刑事政策,更与强调催收"有效性"的设立原意不谋而合。第三,发卡银行过错作为违法阻却事由的出罪路径。将发卡银行过错作为条件性出罪机制的延伸,即当案件中存在发卡银行过错的情形,且行为人人身危险性不大时,即使个案中不具备其他出罪条件,也应当认定案件符合恶意透支型信用卡诈骗罪的出罪条件,对行为人进行出罪处理。具体而言,包括审批疏漏使行为人得以恶意透支的出罪判断、盲目高额授信使行为人得以大额恶意透支的出罪判断、风险管控懈怠使高风险行为人得以继续恶意透支的出罪判断和疏忽资信情况变化使高风险行为人得以恶意透支的出罪判断等。

目 录

绪 论 ………………………………………………………… (1)

第一章 恶意透支型信用卡诈骗罪司法适用扩张化及其根源 …… (6)
  第一节 恶意透支型信用卡诈骗罪司法适用研究的紧迫性 …… (6)
    一 信用卡作为支付工具的不可替代性 ………………… (6)
    二 信用卡诈骗罪的行为样态主要为恶意透支型 ………… (8)
  第二节 恶意透支型信用卡诈骗罪司法适用的扩张化 ………… (11)
    一 "信用卡"范围认定过宽 ……………………………… (12)
    二 "超过规定期限透支"期限范围过广 ………………… (15)
    三 犯罪数额计算方式笼统 ………………………………… (20)
    四 "非法占有目的"有名无实 …………………………… (23)
    五 "有效催收"形如虚设 ………………………………… (28)
    六 无持卡资质的"持卡人"比例畸高 …………………… (30)
  第三节 恶意透支型信用卡诈骗罪司法适用扩张化的根源 …… (33)
    一 保护法益定位不清 ……………………………………… (33)
    二 忽视对发卡银行过错的考量 …………………………… (39)

第二章 恶意透支型信用卡诈骗罪保护法益的定位 ………… (46)
  第一节 恶意透支型信用卡诈骗罪保护法益的观点评析 …… (46)
    一 单一法益之财产保护说 ………………………………… (47)

二　单一法益之信用保护说 …………………………………… (48)
　　三　双重法益之财产保护与秩序违反说 ………………………… (50)
　　四　双重法益之财产保护与信用保护说 ………………………… (54)
　第二节　恶意透支型信用卡诈骗罪双重法益的证成 ……………… (56)
　　一　"双重法益说"与立法精神相契合 …………………………… (57)
　　二　"双重法益说"可完整评价恶意透支的不法内容 …………… (60)
　第三节　恶意透支型信用卡诈骗罪双重法益的内容 ……………… (63)
　　一　信用利益法益的确认 ………………………………………… (64)
　　二　财产法益的确认 ……………………………………………… (82)
　第四节　恶意透支型信用卡诈骗罪双重法益的主次之分 ………… (95)

第三章　发卡银行过错对定罪的影响 ………………………………… (98)
　第一节　发卡银行过错诸观点概览与评析 ………………………… (99)
　　一　发卡银行过错影响定罪的否定说 …………………………… (100)
　　二　发卡银行过错影响定罪的肯定说 …………………………… (101)
　　三　发卡银行过错诸观点评析 …………………………………… (102)
　第二节　发卡银行过错影响定罪的理论检视 ……………………… (104)
　　一　被害人自我答责与发卡银行过错 …………………………… (104)
　　二　被害人同意与发卡银行过错 ………………………………… (109)
　　三　发卡银行过错契合于被害人信条学 ………………………… (111)
　第三节　发卡银行过错对定罪的作用分析 ………………………… (117)
　　一　发卡银行谨慎义务来源 ……………………………………… (117)
　　二　发卡银行风险识别能力判定 ………………………………… (122)
　　三　发卡银行过错应当作为出罪事由 …………………………… (127)

第四章　恶意透支型信用卡诈骗罪入罪与出罪双轨制司法
　　　　适用路径 ……………………………………………………… (129)
　第一节　双重法益下构成要素的重新解读与认定 ………………… (131)

一　"信用卡"概念的重新界定 …………………………………… (131)
　二　"超过规定期限透支"时间范围的限定 ………………………… (135)
　三　犯罪数额计算方法的厘清 …………………………………… (138)
　四　非法占有目的的实质认定 …………………………………… (142)
第二节　双重法益下催收的司法适用限定作用 ……………………… (151)
　一　催收之构成要件要素的否定 ………………………………… (152)
　二　催收之非法占有目的推定事实的否定 ……………………… (153)
　三　催收之客观处罚条件的确定与强调 ………………………… (155)
　四　透支本金未经催收的数额认定 ……………………………… (159)
第三节　发卡银行过错的事由与判断 ………………………………… (160)
　一　发卡银行过错：条件性出罪机制的延伸 …………………… (160)
　二　审批疏漏使行为人得以恶意透支的出罪判断 ……………… (164)
　三　盲目高额授信使行为人得以大额恶意透支的出罪
　　　判断 ……………………………………………………………… (166)
　四　风险管控懈怠使高风险行为人得以继续恶意透支的
　　　出罪判断 ………………………………………………………… (168)
　五　疏忽资信情况变化使高风险行为人得以恶意透支的
　　　出罪判断 ………………………………………………………… (169)

结　语 …………………………………………………………………… (173)

参考文献 ……………………………………………………………… (175)

绪　　论

一　选题的背景和价值

（一）选题背景

经济犯罪是经济发展过程中难以避免的一种社会现象，经济发展的阶段性目标和阶段性阻碍决定了经济犯罪的核心内容和研究方向。以大陆法系为例，自第二次世界大战后，日本经济经历了战后的混乱时期、重建时期以及高速增长时期。在不同的经济发展时期，经济犯罪具有不同的特点，而日本学术界对经济犯罪的研究也围绕着不同的经济背景而展开。针对经济发展各阶段对刑法的需求，学者们提出了相应的理论学说以使经济刑法的研究更能回应时代所需，更具实用性。例如，在日本完成了从统制经济向自由经济体制过渡后，此时经济发展的阶段性目标是实现经济的高速增长，而经济发展的阻碍是国家对经济的统制。因此，学者们对经济犯罪保护法益的研究出现了相应的变化，从经济刑法的保护法益是维持一定的经济秩序逐渐流变为经济刑法的保护法益是一般消费者的利益，要将保护市民的经济生活放在更重要的位置上。[①] 德国经济刑法的研究也呈现出相同的态势，德国从计划经济向商品计划经济的转变期间，经济刑法犯罪的概念也随之扩大，涵盖内容从"危害国家计划的措施"扩展至规范竞争、商业公司、国家补助和银行信贷领域

---

① 参见顾肖荣《战后日本经济刑法和经济犯罪研究的演进》，《上海社会科学院学术季刊》1991年第3期。

的相关犯罪。①

可见，对经济犯罪的研究离不开特定的经济环境和经济背景，回应经济发展所需才是研究经济刑法的根本价值与方向。而于我国的经济发展背景而言，我国已正式迈入了信用经济时代。所谓信用经济是指在经济运行过程中，主要以信用交易的方式进行生产、分配、交换、消费等活动；经济主体之间形成了广泛的债权债务关系；信用成为了社会关系、经济运行、管理制度的核心要素之一。② 于经济表现而言，中国人民银行发布的《2020 年社会融资规模增量统计数据报告》显示，③ 2020年对实体经济发放的人民币贷款占同期社会融资规模的 57.5%；企业债券占比 12.8%；政府债券占比 23.9%；非金融企业境内股票融资占比 2.6%。④ 可以发现，以信用为基础的信贷已经成为了实体经济融资、发展的最主要手段。向居民消费领域也呈现出愈发"信用化"的特征，根据中国人民银行发布的 2018—2020 年三年的年度《金融统计数据报告》，代表居民消费状况的新增居民短期贷款连年增加，增幅速度快，⑤ 说明居民消费愈发依赖信用交易。此外，李克强总理于 2020 年 11 月 25 日召开的国务院常务会议上指出，"市场经济首先是信用经济，信用经济必须是法治经济"，强调了发展信用经济和信用建设对经济增长的重要性。

（二）选题价值

信用卡作为信用经济的典型产物，其得益于信用经济并助益信用经济。因此，对于规制信用卡犯罪的恶意透支型信用卡诈骗罪来说，无论是其学术研究还是司法适用，必须结合信用经济的时代背景，在探究恶

---

① 参见王世洲《德国经济犯罪与经济刑法研究》，北京大学出版社 1999 年版，第 9 页。
② 邢永俐：《信用利益论》，博士学位论文，复旦大学，2013 年。
③ 社会融资规模增量是指一定时期内实体经济从金融体系获得的资金额，其中主要包括贷款、股票以及债券。
④ 《2020 年社会融资规模增量统计数据报告》，中国人民银行网，http：//www.pbc.gov.cn/goutongjiaoliu/113456/113469/4161738/index.html，访问日期：2021 年 2 月 3 日。
⑤ 参见《2020 年金融统计数据报告》，中国人民银行网，http：//www.pbc.gov.cn/goutongjiaoliu/113456/113469/4161745/index.html，访问日期：2021 年 2 月 5 日。

意透支型信用卡诈骗罪保护功能的定位在哪里，职能和方向是什么的基础上进行展开，以充分发挥恶意透支型信用卡诈骗罪保护信用经济的作用。但是，从当下的学术成果以及司法现状来看，对恶意透支型信用卡诈骗罪的研究与适用已经背离了经济背景下的时代需求，偏离了通过恶意透支型信用卡诈骗罪来保障信用经济高质量、高速发展的方向。

1. 实践价值

根据上海市高级人民法院发布的《2015 年度上海法院金融审判系列白皮书》，在金融刑事审判领域，信用卡类犯罪位居首位，共 1201 件，占全市法院金融刑事案件的 90.9%。[1] 2019 年最高法中国司法大数据研究院发布《金融诈骗司法大数据专题报告》显示，信用卡诈骗在 2016—2018 年金融诈骗案件总量中占比约 78%，为金融诈骗的主要案件类型，其中，诈骗手段主要为恶意透支或超过规定期限透支，相关案件占比高达 76.34%。[2] 可以看出，恶意透支型信用卡诈骗罪在金融犯罪的司法实践中占据了畸高的比例。在这之中，存在着大量将信用卡逾期不还作为恶意透支予以认定处罚的案件，一定程度上违背了罪刑法定原则。也存在着对构成要件要素进行过度解读，将原本不属于恶意透支型或者发卡银行存在重大过错而导致行为人构罪的案件作为恶意透支型信用卡诈骗罪予以定罪量刑，导致恶意透支型信用卡诈骗罪的定罪率居高不下，使得恶意透支型信用卡诈骗罪的处罚圈被司法扩大化。这在某种意义上也过度占用了司法资源，甚至使得一些案件中司法机关背上了发卡银行讨债工具的"恶名"，有损司法的公信力。

故而，关于恶意透支型信用卡诈骗罪的研究，一定是源于司法裁判需求，又反哺司法裁判实证研究的，是一种立足于司法大数据样本的裁

---

[1] 参见《高院发布 2015 年度上海法院金融审判系列白皮书和典型案例》，上海法院网，http：//shfy. Chinacourt. gov. cn/article/detail/2016/06/id/1913401. shtml，访问日期：2020 年 7 月 5 日。

[2] 参见《中国司法大数据研究院发布金融诈骗专题报告》，中国法院网，https：//www.chinacourt. org/ index. php/article/detail/2019/04/id/3812461. shtml，访问日期：2020 年 7 月 1 日。

判数据研究,是一种罪刑法定原则下的关于出入罪的司法裁判模式研究。只有如此,才能保证关于恶意透支型信用卡诈骗罪的研究具有可操作性和执行性,发挥司法裁判对激发信用经济的活力和社会信用体系的保障功能,弥补因立法滞后或司法不公导致的利益主体之间的嫌隙。具体而言,对于恶意透支型信用卡诈骗罪的实证裁判模式研究,应当立足于罪刑法定原则,在司法数据中梳理、总结当前司法裁判过程中的司法适用难点和焦点。站在司法裁判者的立场,还原恶意透支型信用卡诈骗罪刑法规范在司法适用过程中的实然样态,将目光在刑法规范与个案事实之间不断往返,在司法裁判与立法原意之间不断比对,在法律治理与社会治理之间不断反思。如此,才能切实还原恶意透支型信用卡诈骗罪的司法适用样貌,也才能"看得清病",开得好"处方"。

2. 理论价值

当前对于恶意透支型信用卡诈骗罪的理论研究,有基于构成要件要素解读的司法论研究,是一种刑法教义学视域下的规范解释论研究。该研究思路一般以个案切入,在规范刑法学视域下开展恶意透支型信用卡诈骗罪构成要件要素的规范解读。包括对"非法占有目的""催收"和"持卡人"等要素的规范解读。[1] 当然也不乏从司法问题出发,落脚于社会综合治理方案的研究。该研究更多表现为一种犯罪学或者说社会学的研究思路,基于恶意透支型信用卡诈骗罪的犯罪特点,包括犯罪主体、受害客体和作案方式等犯罪现象揭示,也包括了法律适用、法律监管等法律适用难题,最后寻求包括规范适用认定标准、公检法联席会议协作、法制宣传教育和银行之间沟通等综合治理方案。[2] 但极少有学者正视恶意透支型信用卡诈骗罪得以生存的经济背景,对其研究还停留在从保护信用卡管理秩序、信用卡交易秩序的维度出发,由此作出的研究

---

[1] 参见张明楷《恶意透支型信用卡诈骗罪的客观处罚条件——〈刑法〉第 196 条第 2 款的理解与适用》,《现代法学》2019 年第 2 期;赵运锋《恶意透支型信用卡诈骗罪"非法占有目的"研究》,《中国刑事法杂志》2020 年第 4 期等。

[2] 参见田宏杰《恶意透支型信用卡诈骗罪实证分析》,《法学杂志》2018 年第 12 期。

成果仍然无法有效地指导司法适用进行适度限缩，更无法使恶意透支型信用卡诈骗罪的司法适用得以满足当下经济发展的实际需求。单纯注重社会学特点所进行的犯罪学综合治理方案，也并不能为当前的司法裁判提供可资借鉴的裁判模型。

正如储槐植教授所总结的那样，关于刑法学的研究，有刑法之上、刑法之中和刑法之外三种研究视角，不同的研究视角分别对应刑法学研究的不同侧面。然而，从司法裁判功利主义出发，或者说，从考虑刑法研究对司法裁判实用主义的角度出发，但凡能够解决当前司法裁判难题的都应该纳入到刑法研究中。但笔者认为，这一刑法研究，应该是规范刑法学或者说刑法教义学视域下的裁判模式研究。具体到恶意透支型信用卡诈骗罪中，关于恶意透支型信用卡诈骗罪的研究，是围绕着犯罪构成所开展的入罪限缩和出罪扩张的规范刑法学研究，是围绕恶意透支型信用卡诈骗罪的司法限缩适用的司法裁判模式研究。在这一研究模式下，对恶意透支型信用卡诈骗罪进行构成要件要素的解读，应该立足恶意透支的独特犯罪属性，关注信用卡业务体系下法益的特殊类型，即信用法益的挖掘。剖析该信用法益的本质和特点，进而为保护法益的内涵解读和层次建构奠定基础，并发挥该法益对构成要件要素解读的底层指导意义。与此同时，结合金融学的知识体系，挖掘发卡银行在信用卡诈骗罪犯罪成立环节中的体系地位，针对不同程度的发卡银行过错类型，设计不同的出罪路径，为将来有可能发生的恶意使用其他信用支付工具侵犯信用经济行为入刑后的研究打下理论基础，以期弥补恶意透支型信用卡诈骗罪现有研究视角的不足，并对恶意透支型信用卡诈骗罪的司法裁判提供可供参考的司法裁判模型。

第一章　恶意透支型信用卡诈骗罪司法适用扩张化及其根源

第一节　恶意透支型信用卡诈骗罪司法适用研究的紧迫性

一　信用卡作为支付工具的不可替代性

根据中国人民银行发布的官方数据显示，2018年一季度末我国信用卡在用发卡量为6.12亿张，[①] 截至2021年一季度末，信用卡在用发卡数量为7.84亿张，[②] 在短短三年时间内，我国信用卡在用发卡数量增加了1.72亿张，增长28.1%。而通过对2019—2020年各主要发卡银行信用卡交易量的对比可以发现，[③] 即使在受新冠疫情影响我国2020年全年社会消费品零售总额较2019年总体下降3.9%的前提下，各主要发卡银行的信用卡交易量仍然呈增加趋势。2019年我国各大发卡银行的信用卡交易额为20.6万亿元人民币，[④] 截至2020年年末，我国各大发

[①] 《2018年第一季度支付体系运行总体情况》，中国人民银行网，http://www.pbc.gov.cn/zhifujiesuansi/128525/128545/128643/3544464/2019111317441496548.pdf，访问日期：2020年7月7日。

[②] 《2021年第一季度支付体系运行总体情况》，中国人民银行网，http://www.pbc.gov.cn/zhifujiesuansi/128525/128545/128643/4260419/20210602144149 74538.pdf，访问日期：2021年7月30日。

[③] 其中包括招商银行、平安银行、光大银行、中信银行、民生银行、浦发银行、兴业银行以及华夏银行。

[④] 参见曹光宇《2019年银行年报之信用卡专题解读》，《中国信用卡》2020年第6期。

第一章　恶意透支型信用卡诈骗罪司法适用扩张化及其根源

银行的信用卡交易额增长至21.1万亿元人民币。① 此外，我国信用卡信贷规模也在持续扩大，截至2018年第一季度末，我国银行卡授信总额为13.14万亿元，银行卡卡均授信额度2.15万元；② 而截至2020年第一季度末，我国银行卡授信总额为17.57万亿元，银行卡卡均授信额度2.35万元。③ 通过上述数据可以看出，即使在以"支付宝""微信支付"为代表的互联网第三方支付广泛使用的当下，信用卡的在用发卡量连年增加；各发卡银行信用卡交易总额稳步上升；银行卡信贷规模不断扩大；信用卡卡均授信额度持续上涨。这些证据皆说明信用卡于经济生活当中的"主力军"地位依然难以撼动，信用卡作为支付工具的价值不可取代。根据中国经济信息社发布的《中国信用卡消费金融报告》显示，信用卡信贷规模在金融消费领域遥遥领先，我国信用卡客户使用消费信贷还存在着相当大的空间。④ 而随着《中国人民银行关于推进信用卡透支利率市场化改革的通知》的下发，信用卡透支利率将逐渐由发卡机构与持卡人自主协商确定，信用卡定价将会更加灵活，统一定价的高利率将不再是限制居民使用信用卡的阻碍因素。可以预见，随着信用卡透支利率市场化的全面实施，信用卡在与其他互联网支付工具的交锋中将会占据更有利的位置，信用卡的在用卡量和交易额会再度高速上涨。

而伴随着信用卡这一支付工具的广泛使用，以信用卡为犯罪工具的信用卡诈骗罪必然对居民的经济生活产生恶劣影响，从根本上影响公民

---

① 参见曹光宇《2020年银行年报之信用卡专题解读》，《中国信用卡》2021年第6期。
② 《2018年第一季度支付体系运行总体情况》，中国人民银行网，http：//www.pbc.gov.cn/zhifujiesuansi/128525/128545/128643/3544464/2019111317441496548.pdf，访问日期：2020年7月7日。
③ 《2020年第一季度支付体系运行总体情况》，中国人民银行网，http：//www.pbc.gov.cn/zhifujiesuansi/128525/128545/128643/4036580/2020060914412540323.pdf，访问日期：2020年7月7日。
④ 《〈中国信用卡消费金融报告〉：机遇与挑战并存，信用卡消费金融"主力军"作用凸显》，新华财经，http：//news.xinhua08.com/a/20200730/1948848.shtml，访问日期：2020年8月22日。

的用卡行为以及用卡决策，故而，对信用卡诈骗罪进行深入研究具有十分强烈的现实导向。

二 信用卡诈骗罪的行为样态主要为恶意透支型

根据上海市高级人民法院发布的《2015 年度上海法院金融审判系列白皮书》，在金融刑事审判领域，信用卡类犯罪位居首位，共 1201 件，占全市法院金融刑事案件的 90.9%。① 此外，在涉自贸试验区，信用卡诈骗犯罪也是金融犯罪的重灾区，根据浦东新区法院发布的《涉自贸试验区金融商事审判白皮书（2013 年—2017 年）》，2013 年以来，涉自贸试验区的金融刑事案件中信用卡诈骗罪案件占比最高，② 信用卡犯罪已成为金融领域的高发犯罪。而恶意透支型更是信用卡诈骗罪的重中之重，如 2015 年上海法院审结的 1076 件信用卡诈骗犯罪案件中，就有 1018 件属于恶意透支型，占比 94.6%。③ 从全国范围来看，恶意透支型案件的数量也位居信用卡诈骗罪的首位，根据 2019 年最高法中国司法大数据研究院发布的《金融诈骗司法大数据专题报告》，从案件类型来看，信用卡诈骗在近三年（2016—2018 年）金融诈骗案件总量中占比约 78%，为金融诈骗的主要案件类型。而在近三年来的信用卡诈骗案件中，诈骗手段主要为恶意透支或超过规定期限透支，相关案件占比高达 76.34%。④ 为了更好地了解恶意透支型信用卡诈骗罪的发案趋势以及案件的地域分布，本书以聚法案例（https：//www.jufaanli.com）为

---

① 参见《高院发布 2015 年度上海法院金融审判系列白皮书和典型案例》，上海法院网，http：//shfy.chinacourt.gov.cn/article/detail/2016/06/id/1913401.shtml，访问日期：2020 年 7 月 5 日。

② 《浦东新区法院发布涉自贸试验区金融商事审判白皮书（2013 年—2017 年）通报金融商事、刑事和行政"三合一"审判工作机制运行情况》，上海法院网，http：//shfy.chinacourt.gov.cn/article/detail/2017/11/id/3080629.shtml，访问日期：2020 年 7 月 5 日。

③ 参见《2015 年度上海法院涉信用卡犯罪刑事审判情况通报》，上海法院网，http：//www.hshfy.sh.cn/css/2016/06/17/20160617172526463.pdf，访问日期：2020 年 7 月 5 日。

④ 参见《中国司法大数据研究院发布金融诈骗专题报告》，中国法院网，https：//www.chinacourt.org/article/detail/2019/04/id/3812545.shtml，访问日期：2020 年 7 月 1 日。

第一章 恶意透支型信用卡诈骗罪司法适用扩张化及其根源

检索来源,以2018年、2019年、2020年为裁判年份的时间点,以刑事为案件类型,一审为裁判程序,以判决书为文书类型,以"信用卡诈骗"为案由,并以"恶意透支"为关键词,对2018—2020年的恶意透支型信用卡诈骗罪进行了检索、归纳与分析。发现恶意透支型信用卡诈骗罪有着如下特点:首先,如图1-1所示,虽然恶意透支型信用卡诈骗罪在2018—2020年期间内案件数量呈递减趋势,但其仍然是金融诈骗罪的主要犯罪类型。从图1-1中可以看出,恶意透支型信用卡诈骗罪案件数量自2019年起大幅度减少,其主要原因应为最高人民法院、最高人民检察院于2018年11月28日出台的《关于修改〈关于办理妨害信用卡管理刑事案件具体应用法律若干问题的解释〉的决定》(以下简称2018年《解释》)。2018年《解释》对恶意透支型信用卡诈骗罪的入罪数额进行了大幅度提高(由之前的人民币10000元提升至人民币50000元);① 增加了对非法占有目的的实质认定标准;② 并增设了不起诉的情形等来限制恶意透支型信用卡诈骗罪的适用③。

其次,从恶意透支型信用卡诈骗案件数量地区分布来看,主要分布于东部地区,2018—2020年的收案量排名前三的地区分别为福建省、上海市和广东省,其案件数量地区分布见图1-2(图中仅展示审理案件数量前十名的省份或直辖市)。

因此,占信用卡诈骗罪绝对主体地位的恶意透支型案件的高发态势必然会给刑法理论研究以及司法认定带来新情况、新问题,对其进

---

① 2018年《解释》第三条规定:"恶意透支,数额在五万元以上不满五十万元的,应当认定为刑法第一百九十六条规定的'数额较大';数额在五十万元以上不满五百万元的,应当认定为刑法第一百九十六条规定的'数额巨大';数额在五百万元以上的,应当认定为刑法第一百九十六条规定的'数额特别巨大'。"

② 2018年《解释》第六条规定:"对于是否以非法占有为目的,应当综合持卡人信用记录、还款能力和意愿、申领和透支信用卡的状况、透支资金的用途、透支后的表现、未按规定还款的原因等情节作出判断。不得单纯依据持卡人未按规定还款的事实认定非法占有目的。"

③ 2018年《解释》第十条规定:"恶意透支数额较大,在提起公诉前全部归还或者具有其他情节轻微情形的,可以不起诉;在一审判决前全部归还或者具有其他情节轻微情形的,可以免予刑事处罚。但是,曾因信用卡诈骗受过两次以上处罚的除外。"

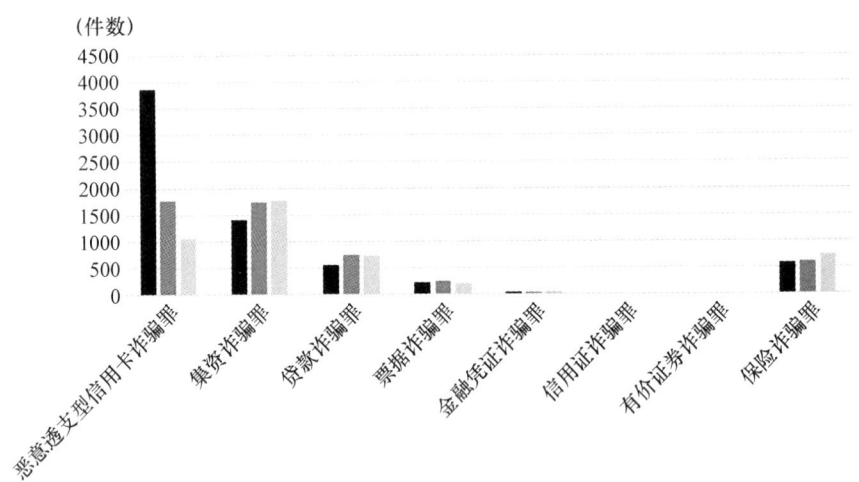

图 1-1 金融诈骗罪案件数量分布

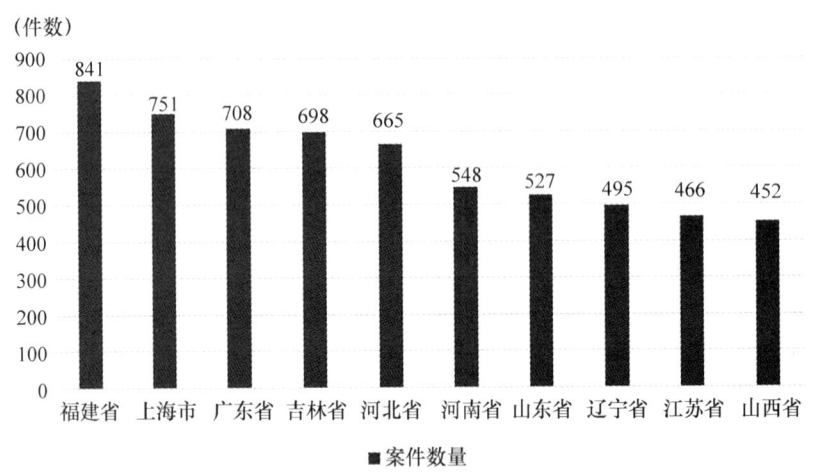

图 1-2 2018—2020 年案件数量地区分布

行深入研究具有强烈的现实价值。为了深入挖掘恶意透支型信用卡诈骗罪的司法适用情况,本书分别选取案件数量前三名的福建省、上海市以及广东省 2018—2020 年的一审裁判文书为实证研究的样本,尽

第一章　恶意透支型信用卡诈骗罪司法适用扩张化及其根源

可能保证样本数量的充足，从而展示更加丰富的信息与类型，看到事物更多的侧面，① 以保证从中发现的问题的多样性与精准性。而经过对以上三个省份一审裁判文书细致地整理与归纳，本书共选取了 1240 份有效文书，② 在对 1240 份判决文书进行深入分析后，发现了恶意透支型信用卡诈骗罪在司法适用中存在如下问题。

第二节　恶意透支型信用卡诈骗罪司法适用的扩张化

任何裁判结论的形成都是在裁判规范与裁判事实之间往返比对的结果，故而对于恶意透支型信用卡诈骗罪的司法案例数据分析，离不开对裁判规范与裁判事实的比较研究。换句话说，通过恶意透支型信用卡诈骗罪规范中不法行为的实然样态，去观察其规范适用形态，进而反思该规范在该类型的司法适用过程中存在的症结。通过对 1240 份一审裁判文书的归纳与分析，本书发现，恶意透支型信用卡诈骗罪在司法适用过程中存在着明显的扩张化趋势，而这一趋势又通过对具体构成要件要素的司法认定得以呈现。具体而言，犯罪的构成要件是人们用以甄别可罚举止要素之总和，同时，在犯罪构成的范围内，只有具备了这些要素，才可以证立行为的不法，③ 因此，将案件的事实与构成要件要素一一比对，审查行为人的行为是否满足刑法规范中针对某个特定犯罪所规定要素，成为了认定犯罪的重要环节。在对 1240 份裁判文书进行归纳分析

---

① 白建军：《大数据对法学研究的些许影响》，《中外法学》2015 年第 3 期。
② 福建省、上海市、广东省的有效文书数量较上初步检索所展示的文书数量减少的原因在于许多文书内容中带有附件部分，一般附件内容为该文书所适用的法律条文。因此，一些文书实则是冒用他人信用卡案件，但由于其附件内容包括了《刑法》第一百九十六条的完整法律条文，由此，"恶意透支"会出现在文书后面的所附法律条文中，影响了有效文书的数量。
③ [德] 乌尔斯·金德霍伊泽尔：《刑法总论教科书》，蔡桂生译，北京大学出版社 2015 年版，第 61 页。

的过程中可以发现，司法适用中的争议主要集中在"信用卡""超过规定期限""催收""数额""非法占有目的""持卡人"等构成要件要素的认定中。其中，既有对犯罪行为、犯罪数额、犯罪工具等客观要件的把握，也有对于犯罪目的等主观要件的甄别。而当上述要件中某一要件的范围被扩大，或忽视对某一要件的实质认定或只对某一要件做形式化的认定等问题发生时，其所带来的结果必然是司法适用的扩张。

一 "信用卡"范围认定过宽

（一）信用卡专项分期业务的认定引发争议

根据2014年12月29日第十届全国人民代表大会常务委员会第十三次会议通过的《关于〈中华人民共和国刑法〉有关信用卡规定的解释》，信用卡是指由商业银行或者其他金融机构发行的具有消费支付、信用贷款、转账结算、存取现金等全部功能或者部分功能的电子支付卡。在恶意透支型信用卡诈骗罪的司法适用当中，就"恶意透支"的语境下，对于"借记卡"是否属于"信用卡"的一种的争议不大。在对裁判文书的归纳过程中，尚未发现实务中将借记卡当作信用卡予以认定的情况。但是随着发卡银行信用卡业务的不断精细和发展，以信用卡为基础衍生出了多种信用卡业务，而在实务中，对信用卡专项分期是否是"信用卡"的一种，产生了较大的争议。具体而言，在有关信用卡专项分期（汽车）的案件审理时，对信用卡专项分期（汽车）属于恶意透支还是贷款诈骗，实务中有着不同看法。例如在高某某信用卡诈骗一案中，[①] 被告人高某某成功办理中国建设银行卡号为62×××68的信用卡，与此同时，其申请了额度为人民币10万元的信用卡专项分期（汽车）。2010年8月23日，被告人高某某在福州新金生汽车有限公司使用该信用卡购车消费10万元并进行分期付款。2012年1月17日开始，该信用卡产生逾期。在该案中，法院认为被告人的行为符合恶意透

[①] 详见（2020）闽0112刑初222号判决文书。

第一章　恶意透支型信用卡诈骗罪司法适用扩张化及其根源 13

支型信用卡的构成要件,因此被告人构成恶意透支型信用卡诈骗罪。类似的还有陈某某信用卡诈骗案,① 被告人陈某某于汽车店购买一部比亚迪牌 S7 越野车,并将该车登记抵押给兴业银行申请分期付款,同时其申领了一张可透支额度人民币 5 万元的万事达标准双币白金信用卡,该卡同时用于汽车贷款的分期还款。2016 年 12 月起,银行开始催收。在该案中,法院亦认定用于汽车贷款的分期还款的信用卡是恶意透支型信用卡诈骗罪中"信用卡"的一种。

但是,在被告人牟某信用卡诈骗一案中,法院不认为信用卡专项分期是"信用卡"的一种,而是一种借由信用卡而发放的贷款。在该案件中,被告人牟某以贷款方式在阳江市溢田某汽车销售服务公司购买一辆价格为 151000 元的小型轿车。而后,被告人牟某通过向银行提供虚假的工作证明、收入证明书等资信证明材料后,于 2016 年 1 月 29 日向中国农业银行申办了一张乐分信用卡。并于 2016 年 2 月 2 日与农行江城支行签订《金穗贷记卡专项商户分期业务担保借款合同》,约定贷款金额 135000 元为购车专用。被告人牟某于 2016 年 5 月 12 日最后一次偿还欠款。在该案中,法院认为,实际上信用卡专项分期业务在申请、身份审核、购车首付、签订合同、拨付款项、款项归还等方面与普通贷款办理的一般流程无异,并认为被告人牟某持有的用于专项分期的信用卡仅是被告人偿还贷款的载体,不能通过该卡进行其他消费。因此,被告人的行为实则是贷款诈骗的一种,因此构成贷款诈骗罪,而非信用卡诈骗罪。② 由此可以看出,在面对相同的信用卡专项分期(汽车)的案件时,实务中出现了同案不同判的情况。

(二) 信用卡现金分期业务的认定引发争议

随着信用卡业务的不断细化,衍生了众多以信用卡为依托的预借现金服务以及消费金融服务,这也是信用卡业务纵深发展后的新型产物。

---

① 详见 (2018) 闽 0182 刑初 823 号判决文书。
② 详见 (2018) 粤 1702 刑初 49 号判决文书。

而这些信用卡新型业务的出现也为恶意透支型信用卡诈骗罪的审判活动提出了新的挑战，在实践中也常常引发争议。具体而言，以现金分期业务为例，在恶意透支型信用卡诈骗罪的司法实践中，对依托于信用卡现金分期业务而产生逾期的性质是恶意透支还是持卡人与发卡银行之间的贷款纠纷产生了争议。例如在刘某某信用卡诈骗一案中，[①] 被告人刘某某于 2014 年 4 月向上海浦东发展银行申请了一张信用卡，后开始使用消费。2018 年 2 月至 2018 年 8 月期间，该信用卡开始发生逾期，至 2018 年 8 月 6 日被告人刘某某透支该信用卡本金 236729.62 元。在被告人刘某某透支的 236729.62 元本金中，包含其使用上海浦东发展银行"万用金"现金分期业务的逾期部分。基于上述事实以及相关证据，法院认为被告人刘某某恶意透支 236729.62 元。案件中提及的上海浦东发展银行的"万用金"现金分期业务是指以信用卡为基础而发放的信贷额度，其不占用信用额度，而是额外增加了持卡人的取现额度，将持卡人申请的万用金直接划到持卡人借记卡内的一种附加现金贷款业务。而在该案件中，法院的判决结果无疑是将"万用金"认定为信用卡的一种特殊类型，将万用金作为信用卡的同等概念予以认定。而在汪某信用卡诈骗一案中，[②] 被告人汪某于 2013 年 12 月 6 日申请了一张中信银行信用卡，后持该卡进行消费透支，自 2017 年 8 月 28 日该张信用卡开始逾期，截至 2018 年 4 月 18 日，该信用卡欠款共 379065.10 元人民币。而在被告人汪某拖欠的 379065.10 元人民币本金中，包含其使用中信银行信用卡下属的"新快现"以及"信金宝"现金分期业务的逾期部分。基于上述事实以及相关证据，法院认为"新快现"及"信金宝"业务实则是发卡银行根据持卡人的信用额度，为持卡人提供现金分期服务，相关信用额度可转到持卡人名下的借记卡中消费或提现，持卡人分期还款并支付手续费的产品，该产品由于是向持卡人直接提供现金，持卡人

---

① 详见（2018）粤 0117 刑初 873 号判决文书。
② 详见（2019）粤 0106 刑初 394 号判决文书。

可在借记卡上对现金进行提现并自由支配,故其本质属于贷款产品,因此,由"新快现"及"信金宝"业务而产生的逾期,不计入恶意透支的数额当中。案件中提及的"新快现"以及"信金宝"与上述案件中浦发银行的"万用金"业务较为相似,都是依托于信用卡平台提供的信用卡额度内的个人无担保无抵押预借现金服务。其主要区别为"新快现"以及"信金宝"占用信用卡的信用额度,而"万用金"则不占用信用卡的额度,在本质上都是现金分期业务的一种,没有实质差别。

通过上文的论述可见,法院在面对信用卡专项分期业务、信用卡现金分期业务时,对其基本性质的判定产生了一定争议,具体表现为信用卡专项分期业务、信用卡现金分期业务的性质究竟是一种信用卡衍生业务,还是以信用卡为依托的银行贷款。通过对文书的整理可以发现,将信用卡专项分期业务、信用卡现金分期业务不做区分和探讨,直接将其认定为信用卡的情况为当下司法实践主流趋势。也就是说,在当下立法解释规定的信用卡概念无法完成对信用卡专项分期业务、信用卡现金分期业务性质的界定且在信用卡专项分期业务、信用卡现金分期业务的性质存在争议时,将其直接认定为信用卡,导致信用卡的认定范围过宽,并对行为人以恶意透支型信用卡诈骗罪进行定罪量刑,将原本不属于恶意透支型或不应认定为犯罪的情况认定为恶意透支予以处理。

二 "超过规定期限透支"期限范围过广

(一) 忽视认定"超过规定期限透支"现象突出

根据我国《刑法》第一百九十六条的规定,恶意透支是指持卡人以非法占有目的,超过规定限额或者规定期限透支,并且经发卡银行催收后仍不归还的行为。那么其中"超过规定限额或者规定期限透支"就是认定恶意透支型信用卡诈骗罪的构成要件要素之一,认定行为人的行为符合"恶意透支",就必须认定行为人的透支是"超过规定限额或超过规定期限"的。纵观自恶意透支型信用卡诈骗罪设立以来的相关法律解释,无一对"超过规定限额或超过规定期限透支"进行进一步解释，且在我国《刑法》中，"超过规定限额或超过规定期限"是恶意透支型信用卡诈骗罪"专属要件"，无法通过对其他犯罪中有关该要素的解释来明晰其内涵。这样的现象似乎暗示了"超过规定限额或者规定期限透支"本身的含义已经足够清晰，解释空间较小，在司法适用当中认定较为简单，不属于认定的重点内容。而恶意透支型信用卡诈骗罪的司法适用也表现出了忽视对"超过规定限额或者规定期限透支"这一构成要件要素进行认定的司法样态。在上海市、广东省与福建省2018—2020年的恶意透支型信用卡诈骗罪的1240份一审裁判文书中，仅有478份文书认为"超过规定期限透支"是认定恶意透支型信用卡诈骗罪必不可少的构成要件要素，占全部文书的39%，其余文书在认定恶意透支时，对"超过规定期限透支"没有任何提及，此外，尚未发现"超过规定限额透支"的案件。而认为"超过规定期限透支"是认定恶意透支型信用卡诈骗罪必不可少的构成要件要素的478份文书中，也仅在文书的"本案认为"的部分对"超过规定期限透支"有所提及，例如江某某信用卡诈骗一案中，①法院认为被告人江某某以非法占有为目的，超过规定期限透支信用卡本金62708.72元，并且经发卡银行多次催收后超过三个月仍不归还，数额较大，其行为已构成信用卡诈骗罪。但是在文书中，并没有对行为人透支不还如何满足"超过规定期限透支"这一要件进行单独的认定，其审判逻辑暗示着只要行为人存在不归还发卡银行欠款的事实，那么行为人使用信用卡进行透支的行为就一定可以符合"超过规定期限透支"这一要素。这说明在恶意透支型信用卡诈骗罪的司法适用中，"超过规定期限透支"这一构成要件要素不具有实际内涵，不具有独立价值。

（二）"超过规定期限透支"不属于表面构成要件要素

认为"超过规定期限透支"这一构成要件要素不需要单独认定，不具有实际含义，可以被行为人没有归还欠款的事实替代认定的做法于

---

① 详见（2020）闽0825刑初219号判决文书。

第一章　恶意透支型信用卡诈骗罪司法适用扩张化及其根源 17

法理不符,是一种错误的审判思路。于法理而言,若认为"超过规定期限透支"可以由"经发卡银行催收后仍不归还"这一要件要素替代认定,换言之,只要存在"经发卡银行催收后仍不归还"的事实,行为人透支的行为就一定是"超过规定期限透支"的,则"超过规定期限透支"实则是不能为认定犯罪提供违法性依据的表面的构成要件要素,于诉讼法的层面来看,表面的构成要件要素无须被证明,这也与恶意透支型信用卡诈骗罪的实践处理方法相符。但是,表面的构成要件要素的初衷是基于对犯罪分类的基础上,为了明确处罚范围,标明此罪与彼罪的关系,亦即,为了区分相关犯罪的界限而设置的。① 而将恶意透支型信用卡诈骗罪置于《刑法》分则中进行分析后可以发现与恶意透支型信用卡诈骗罪相关的犯罪只有《刑法》第一百七十七条妨害信用卡管理罪,但是妨害信用卡管理罪与恶意透支型信用卡诈骗罪之间可谓泾渭分明,"超过规定期限透支"的设置与否都不影响恶意透支型信用卡诈骗罪与妨害信用卡管理罪的界限。

(三)"超过规定期限透支"不属于仅有语感意义的同位语规定

既然"超过规定期限透支"不属于表面的构成要素,并且可以被"经发卡银行催收后仍不归还"这一要件要素替代认定,则"超过规定期限透支"实则为分则条文的多余表述,属于"经发卡银行催收后仍不归还"这一要素的同位语。但是,实践中虽然没有"超过规定限额透支"的案件,可"超过规定限额或者规定期限透支"这一构成要件要素是由法律规定而客观存在的。所谓"超过规定限额透支"是指行为人使用信用卡透支超过了发卡银行在一定期限内所设立的最高信用额度,由此可见,行为人的行为满足"经发卡银行催收后仍不归还"并不能证明行为人同时存在"超过规定限额透支"的行为。而"超过规定限额透支"与"超过规定期限透支"在条文中的地位应是平行相同的,如果认为对"经发卡银行催收后仍不归还"的认定中就必然包含

---

① 张明楷:《论表面的构成要件要素》,《中国法学》2009年第2期。

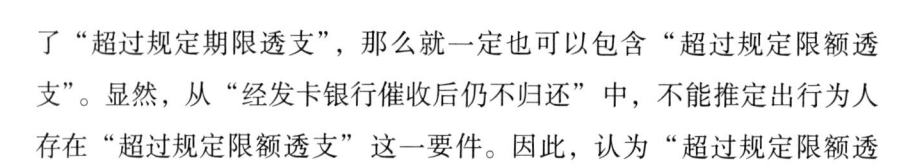

了"超过规定期限透支",那么就一定也可以包含"超过规定限额透支"。显然,从"经发卡银行催收后仍不归还"中,不能推定出行为人存在"超过规定限额透支"这一要件。因此,认为"超过规定限额透支"没有实际内涵,无须单独认定的审判思路于法理不符。

(四)"超过规定期限透支"时间范围过广

"超过规定期限透支"不是表面构成要件要素,也不是仅具有语感意义的同位语规定,那么,"超过规定限额透支"的本质则是为违法性判定提供依据的构成要件要素。在认定行为人的行为符合恶意透支的构成要件时,就必须认定行为人的透支行为满足"超过规定期限透支"这一要素。根据"超过规定期限透支"的字面意思,可以得知该要素是对行为人还款的时间期限要求,行为人一旦超过了一定的期限仍未还款,则可以认为是超过了规定期限。那么,"规定期限"所指的是超过了什么期限?根据信用卡业务的实际运作流程以及各银行的信用卡申领条约,信用卡还款并没有一个所谓强制规定的还款期限,一般来说,持卡人未能按期偿还对账单列明的最低还款额的,还应按最低还款额未偿还部分的5%支付逾期还款违约金。[①] 而持卡人自未能按期偿还对账单列明的最低还款额,且没有在发卡银行的宽限期内归还欠款,就算作信用卡逾期。也就是说,所谓"超过规定限额透支"的时间范围最早起始于行为人第一次逾期,最晚截至立案前,只要在这个时间范围内行为人没有归还欠款,就都可以被认定为"超过规定期限透支"。这也是当下司法实践对"超过规定期限透支"的认定思路,因为只要行为人存在经催收后仍不归还的事实,行为人就一定满足"超过规定期限透支"这一要件。

但是,这样的认定思路使得"超过规定期限透支"的时间范围过广。具体来说,既然确定了"超过规定期限透支"是恶意透支型信用

---

① 参见《信用卡申领条约》,中国农业银行官网,http://www.95599.cn/cn/creditcard/xykts/201602/t20160221_833682.htm,访问日期:2021年4月9日。

卡诈骗罪的构成要件要素，那就意味着"超过规定期限透支"这一要素于犯罪论上的存在意义是为违法性判断提供依据的，通过满足"超过规定期限透支"这一要件要素，来判定行为人侵犯了法益。也就是说，立法者设置"超过规定期限透支"这一要素是为了通过行为人逾期时间的长短来证明其对法益的侵害程度。那么，"超过规定期限"这一时间限制也必须使得恶意透支与普通的信用卡逾期纠纷案件予以区分，亦即，通过逾期时间的长短来证明恶意透支行为人侵害了法益，而信用卡逾期的持卡人没有侵犯法益。其背后的逻辑在于，因为行为人恶意透支的逾期时间比普通信用卡纠纷的逾期时间更长，所以才会侵害法益，或者能够反映法益被侵害的程度。而在恶意透支型信用卡诈骗罪的司法实践中，以上海市 2018—2020 年恶意透支型信用卡诈骗罪 269 份一审裁判文书为例。在 269 份裁判文书当中，共有 142 份文书对行为人逾期时间、发卡银行第一次催收时间以及立案时间予以详细说明。其中，共有 48 份文书体现了行为人第一次逾期后不到半年时间内，发卡银行即选择报案，使案件进入刑事诉讼流程，通过刑法保护其财产权利的，共占全部文书的 34%。对此相对应的则是在信用卡逾期纠纷案件中，常见持卡人逾期未还近两年，发卡银行才选择通过民事手段主张其财产权利的情况，这样的对比无疑令人感到困惑。既然承认"超过规定期限透支"是通过逾期时长来判断行为对法益的侵害，那么为何逾期时间更久的持卡人不归还欠款行为的违法性会低于恶意透支行为？或许会有质疑说，逾期时间更久的持卡人不具有非法占有目的，所以即使逾期时长再久，也不会构成犯罪。那么，恶意透支型信用卡诈骗罪的构成要件实则只需要具备行为人没有归还欠款以及非法占有目的两项就足以认定，为何还要规定"超过规定期限"？

因此，从构成要件理论出发，只要肯定了"超过规定期限透支"是恶意透支型信用卡诈骗罪的构成要件要素，那么"超过规定期限"的时间范围必须窄于普通信用卡逾期纠纷的时间范围，如果"超过规定期限"的时间范围与信用卡逾期纠纷中逾期时长范围重合，甚或宽于信用卡逾期纠纷的逾期时长范围，那就必然会造成一部分信用卡逾期纠纷案件会不当介入到刑事诉讼程序当中，而裁判者也不能通过"超过规定期限透支"这一要件将其排除在刑事处罚范围之外。

三 犯罪数额计算方式笼统

在我国刑法中，以一定的数额作为犯罪构成要件的犯罪形态，是数额犯。[1] 犯罪的数量要素是犯罪成立的条件之一，如果不具备犯罪的数量要素，则不能构成犯罪。[2] 而恶意透支型信用卡诈骗罪作为典型的数额犯的一种，司法实践中犯罪数额的认定自然也是必不可少的重要环节。在计算、认定犯罪数额时，若计算方法不得当，将不属于透支本金的部分计入犯罪数额中，其结果要么使案件的法定刑升格，要么使不满足构罪数额的案件构成犯罪。

(一) 犯罪数额计算方式笼统，难以刨除复利、滞纳金

有关恶意透支型信用卡诈骗罪犯罪数额的计算方式最早被规定在"两高"2009年通过的《关于办理妨害信用卡管理刑事案件具体应用法律若干问题的解释》（以下简称2009年《解释》）中，其规定恶意透支的数额是持卡人拒不归还的数额或者尚未归还的数额。不包括复利、滞纳金、手续费等发卡银行收取的费用。而2018年《解释》对恶意透支犯罪数额的计算进行了再一次的强化以及细化，其中不但再次强调了在计算犯罪数额时不应包含复利等，还明确了持卡人归还或支付的数额的性质。[3] 根据发卡银行与持卡人之间的信用卡申领章程（以工商银行信用卡申领章程为例），对于出现逾期的信用卡账户，在发卡银行收到持卡人还款后，应根据逾期天数的不同而对各类欠款采取不同的还款顺

---

[1] 陈兴良：《刑法哲学》，中国政法大学出版社2000年版，第703页。
[2] 高铭暄、王作富主编：《新中国刑法理论与实践》，河北人民出版社1988年版，第594—595页。
[3] 2018年《解释》第九条规定："恶意透支的数额，是指公安机关刑事立案时尚未归还的实际透支的本金数额，不包括利息、复利、滞纳金、手续费等发卡银行收取的费用。归还或者支付的数额，应当认定为归还实际透支的本金。"

序,具体而言,若逾期天数在 1—90 天,则持卡人的还款会优先偿还其在逾期期间累积的利息或各项费用,在足额偿还利息或各项费用后若还有剩余金额,则用来偿还本金部分。① 据此,就发卡银行的计算方式而言,若持卡人信用卡逾期时间在 1—90 天,期间持卡人进行了还款,但还款金额少于当期的最低还款额度,则该还款数额会仅用于偿还利息等各项费用,对行为人透支本金的数额的偿还没有任何影响。但是根据 2018 年《解释》,持卡人的透支本金的计算方式与发卡银行的计算方式不同。具体而言,在计算恶意透支型信用卡诈骗罪的犯罪数额时,应通过发卡银行提供的交易明细、分类账单(透支账单、还款账单)等证据材料,先计算行为人在使用信用卡期间累积的所有透支本金,再统计持卡人在使用信用卡期间的所有还款数额,最后将所有透支本金与全部还款数额的差额部分作为犯罪数额。可以看出,2018 年《解释》规定的计算方法更符合计算犯罪数额时扣除本金之外的一切利息、滞纳金、逾期手续费等费用的审判思路,使实际的犯罪数额少于发卡银行直接提供的行为人拖欠的金额。但对恶意透支型信用卡诈骗罪的司法适用情况进行归纳分析后,可以发现在实务中对恶意透支犯罪数额的计算并没有如规定般精细计算。例如在陈某信用卡诈骗罪一案中,② 被告人陈某向民生银行申请信用卡并使用后,于 2017 年 1 月开始未能还款出现逾期,拖欠本金人民币 48451 元,自 2017 年 2 月起银行开始向被告人陈某催

---

① 根据《中国工商银行牡丹信用卡章程》第十九条的规定,发卡机构收到持卡人还款时,按照以下顺序对其牡丹信用卡账户的各类欠款(含交易款项、费用及利息等,下同)进行偿还,同类欠款按银行记账先后顺序偿还:(一)对于未逾期的牡丹信用卡账户,先偿还已过免息还款期或不享受免息还款期的欠款,后偿还未过免息还款期欠款。(二)对于逾期 1—90 天(含)的牡丹信用卡账户,先偿还利息或各项费用,后偿还本金(除利息、费用以外的交易款项,下同);对于逾期 91 天(含)以上的牡丹信用卡账户,先偿还本金,后偿还利息或各项费用。参见《中国工商银行牡丹信用卡章程》,中国工商银行官网,http://www.icbc.com.cn/icbc/%e7%89%a1%e4%b8%b9%e5%8d%a1/%e5%85%ac%e5%91%8a%e7%89%8c%e4%b8%ad%e5%9b%bd%e5%b7%a5%e5%95%86%e9%93%b6%e8%a1%8c%e7%89%a1%e4%b8%b9%e4%bf%a1%e7%94%a8%e5%8d%a1%e7%ab%a0%e7%a8%8b.htm,访问日期:2021 年 5 月 3 日。

② 详见(2019)闽 0802 刑初 331 号判决文书。

收，而被告人陈某于 2017 年 2 月 18 日开始陆续小额还款共 1381.54 元。根据 2018 年《解释》，陈某的犯罪数额应为人民币 47069.46 元，但在该案中，最终认定被告人陈某的犯罪数额仍为人民币 48451 元，没有将陈某还款的部分于透支本金中予以扣除。此外，在郭某某信用卡诈骗罪一案中，[①] 被告人郭某某于 2007 年 4 月向广发银行申请了一张卡号为 406××195 的信用卡，并于当月开始持卡消费，于 2013 年 6 月 22 日开始累计透支人民币 28535.71 元逾期未还。此后，被告人于 2018 年 5 月 17 日还款广发银行人民币 23746.5 元，由于被告人未予归还其持有的另一张广发银行信用卡账单，因此广发银行于 2018 年 6 月 22 日进行报案。根据 2018 年的《解释》，由于被告人已于公安机关立案前归还了欠款，因而应当将其偿还的人民币 23746.5 元从其透支本金中扣除，此时其于该 406××195 信用卡的犯罪数额应为 4789.21 元。因此，若此时被告人没有其他信用卡透支不还的情况，则其信用卡逾期不还的行为不构成犯罪；若还有其他信用卡的透支不还情况，则应将其尚未归还的 4789.21 元与剩余透支本金予以累加。但是在该案的审判中，没有考虑被告人还款人民币 23746.5 元的情况，仍然将其拖欠的人民币 28535.71 元作为犯罪数额予以认定。

（二）未经催收的犯罪数额认定产生争议

根据《商业银行信用卡业务监督管理办法》第六十九条，持卡人姓名和欠款余额是信用卡催收内容中应当对持卡人充分披露的信息。[②] 催收内容当中必然包含持卡人所欠本金以及利息的具体数额，用以证明本金和利息已逾期，并督促持卡人还款。因此，发卡银行的每一次催收中，都必须包含持卡人所欠金额的具体信息，使持卡人明晰其所欠数额

---

① 详见（2019）粤 2071 刑初 2361 号判决文书。
② 《商业银行信用卡业务监督管理办法》第六十九条规定："信用卡催收函件应当对持卡人充分披露以下基本信息：持卡人姓名和欠款余额，催收事由和相关法规，持卡人相关权利和义务，查询账户状态、还款、提出异议和提供相关证据的途径，发卡银行联系方式，相关业务公章，监管机构规定的其他内容。"

的具体账目，催收中的欠款数额随着持卡人使用信用卡进行透支以及还款情况的变化而变化。在实务中，对恶意透支型信用卡诈骗罪犯罪数额的认定，除了计算方式的规范化之外，还应要求犯罪数额都经过两次催收的规范化。但是在司法实践中，个案经常表现为行为人多次使用信用卡进行透支后归还最低还款额度或小额还款，后又继续使用信用卡进行透支的持续用卡、偶尔还款的现象。而发卡银行的催收的金额往往不固定，可能就透支本金、最低还款金额或透支本金以及各项费用之总和的任意一项进行催收。这就导致了在公安机关立案之时，行为人的一部分透支本金尚未经过发卡银行两次催收流程。例如在郭某某信用卡诈骗一案中，① 被告人郭某某向兴业银行申领信用卡一张，在明知无还款能力的情况下，于2012年9月19日至2014年7月29日期间持卡透支消费，透支本金共计人民币491260.95元。2014年8月8日被告人郭某某最后一次有效还款后，其中透支本金168215.96元经银行多次催收超过三个月，仍未归还。而在该案件中，最终依然认定被告人的透支本金为491260.95元，没有考虑其中只有168215.96元经过了催收程序的情况。此外，在李某某信用卡诈骗一案中，② 被告人李某某于2009年5月至2018年2月使用信用卡透支消费，自2015年8月27日起发生逾期，而发卡银行于2015年10月至2017年9月期间对李某某进行催收。也就是说，被告人李某某2017年9月之后的消费以及相应的欠款金额没有经过发卡银行的催收，在计算犯罪数额时，不能将2017年9月之后的透支本金计入透支本金总额中，但在该案件中，仍然将未经过催收程序的透支数额作为犯罪数额予以认定。

四 "非法占有目的"有名无实

恶意透支型信用卡诈骗罪作为民刑界限较为模糊的犯罪，判断行为

---

① 详见（2018）沪0115刑初2054号判决文书。
② 详见（2018）粤1302刑初1432号判决文书。

人信用卡不归还信用卡欠款究竟是民事关系中的信用卡逾期不还还是刑事中的恶意透支成为了恶意透支型信用卡诈骗罪司法适用中最为重要的命题。而无论是理论界还是实务界均对非法占有目的作为区分民事纠纷与刑事犯罪之间的区分标准这一原则达成了共识。有关恶意透支型信用卡诈骗罪非法目的的认定的司法解释最早可追溯到2009年《解释》,其中规定了六种认定行为人具有非法占有目的的情形,为非法占有目的的认定提供了形式标准。[1] 而后的2018年《解释》则对非法占有目的的认定进行了强调,不仅将2009年《解释》规定的六种情形之一的"肆意挥霍透支的资金,无法归还的"修改为"使用虚假资信证明申领信用卡后透支,无法归还的";还在第六条中增设了认定的实质化思路,并允许行为人对非法占有目的进行反证。[2] 其目的旨在为非法占有目的的认定提供实质标准。因此,在恶意透支型信用卡诈骗罪的司法活动中,对行为人非法占有目的的考察与认定的重要性变得不言而喻。但是,通过对恶意透支型信用卡诈骗罪司法实践的考察与分析,却发现了实务对非法占有目的的认定表现出了与司法解释对非法占有目的实质认定不断强化相左的情况,非法占有目的有名无实,无法实现罪与非罪界分功能的情况。

(一) 忽视对还款能力与还款意愿的考察

在恶意透支型信用卡诈骗罪的司法实务中,认定非法占有目的的最

---

[1] 2009年《解释》第六条规定:"持卡人以非法占有为目的,超过规定限额或者规定期限透支,并且经发卡银行两次催收后超过3个月仍不归还的,应当认定为刑法第一百九十六条规定的'恶意透支'。
有以下情形之一的,应当认定为刑法第一百九十六条第二款规定的'以非法占有为目的':
(一) 明知没有还款能力而大量透支,无法归还的;(二) 肆意挥霍透支的资金,无法归还的;(三) 透支后逃匿、改变联系方式,逃避银行催收的;(四) 抽逃、转移资金,隐匿财产,逃避还款的;(五) 使用透支的资金进行违法犯罪活动的;(六) 其他非法占有资金,拒不归还的行为。"

[2] 2018年《解释》第六条规定:"对于是否以非法占有为目的,应当综合持卡人信用记录、还款能力和意愿、申领和透支信用卡的状况、透支资金的用途、透支后的表现、未按规定还款的原因等情节作出判断。不得单纯依据持卡人未按规定还款的事实认定非法占有目的。"

主要情形是行为人"明知没有还款能力而大量透支,无法归还的",1240 份文书中,共有 392 份文书以行为人明知没有还款能力的情况下仍然使用信用卡认定行为人具有非法占有目的,占全部文书的 32%。而根据 2018 年《解释》对非法占有目的的认定要义,对于行为人还款能力的判断需要结合事实综合判断,例如行为人使用信用卡时是否具有相对稳定的还款能力;行为人是否具有稳定合法的工作或者收入来源等;行为人的透支情况与收入水平是否基本相符等。[①] 也就是说,要认定行为人是在"明知无还款能力"的前提下使用的信用卡,就需要对行为人的工作、职业、收入来源以及收入水平等相关事实予以证明。但是在司法实践中,认定行为人明知没有还款能力时,却少有相关的事实予以认定。例如,在上海市 2018 年、2019 年以及 2020 年三年的判决文书中,仅有 4 份文书对行为人的工作情况或收入情况予以提及,而其中 3 份文书对行为人工作的提及也并非是为了证明行为人的还款能力或收入水平。而在福建省与广东省的文书中,在认定行为人"明知无还款能力仍然使用信用卡透支"时,对行为人职业以及收入情况的提及也较少,且对行为人的职业以及收入情况的提及也并非是用以证明行为人还款能力。也就是说,在实务中认定行为人具有非法占有目的的情形也仅是表面化的,在没有论证行为人的收入情况与收入能力的情况下,以行为人没有按照规定还款的事实直接认定行为人符合"明知无还款能力下仍然使用信用卡进行透支",完全忽视了对行为人还款能力与还款意愿的考察。

(二)"非法占有目的"独立性地位被架空

在对恶意透支型信用卡诈骗罪的一审裁判文书进行归纳分析的过程中,还发现了大量对行为人具有非法占有目的没有任何论述的案件。以上海市为例,在上海市 2018 年、2019 年以及 2020 年三年的 269 份恶意

[①] 耿磊:《〈关于修改《关于办理妨害信用卡管理刑事案件具体应用法律若干问题的解释》的决定〉的理解与适用》,《人民司法》2019 年第 1 期。

透支型信用卡诈骗罪的一审裁判文书中，共有140篇文书对行为人具有非法占有目的的认定没有任何论证，共占全部文书的52%。具体而言，上述文书仅通过证明行为人没有归还欠款这一事实的存在，从而认定行为人具有非法占有目的。而其他省份的裁判文书也表现出了相似的情况，例如，以苏某某信用卡诈骗一案为例，[①] 被告人苏某某向中信银行申领了一张信用卡，之后开始透支消费使用，2016年9月6日最后一次结清账户后，为维持自身资金的周转，办理"圆梦金"等业务继续透支消费。自2019年2月9日最后一次有效还款1991.99元人民币后，再无任何有效还款。逾期后，发卡银行开始对被告人进行多次催收。基于上述事实，法院认为，被告人苏某某以非法占有为目的，恶意透支信用卡，数额较大，其行为已构成信用卡诈骗罪。可以看出，在上述案件事实中，没有符合2018年《解释》中认定非法占有目的的六项形式化认定标准的事实，更不符合以被告人使用信用卡的情况以及被告人的还款能力和意愿、未能还款的原因综合判断行为人是否具有非法占有目的的实质认定标准。综合而言，在恶意透支型信用卡诈骗罪的司法实践中，对非法占有目的的认定表现得较为表面化，更多地表现为以行为人存在未还款的事实替代对非法占有目的的认定，与2018年《解释》对非法占有目的实质化认定强化的审判思路相悖。

（三）非法占有目的未能发挥罪与非罪界分功能

为了进一步了解实务中认定非法占有目的的标准，本书以"信用卡纠纷"为案由，以2019年1月1日到2019年12月31日为判决时间设置检索条件，并以"逾期"为关键字，于聚法案例网进行检索。经过对案件的归纳和分析，发现信用卡逾期纠纷的被告人信用卡逾期的案情与恶意透支型信用卡诈骗罪被告人恶意透支的案情竟没有明显的区分。在信用卡纠纷案件中，被告人的逾期本金多超过5万元人民币，对被告人不归还欠款的评价多描述为"未能按约还款"而非恶意透支型信用

---

① 详见（2020）闽0583刑初715号判决文书。

第一章　恶意透支型信用卡诈骗罪司法适用扩张化及其根源

卡诈骗罪中的"超过规定期限使用信用卡,经发卡银行两次催收后拒不归还"。而信用卡逾期纠纷案件中,发卡银行大多也对被告人进行过多次催收,但被告人均未归还。此外,在信用卡纠纷的裁判文书中,没有对被告人的还款能力与还款意愿进行提及或证明。为了更好地掌握非法占有目的认定的实质标准,本书以实务中的有关信用卡欠款逾期的民事纠纷案件与刑事案件的案例进行对比,试图探究司法实务认定非法占有目的的审理思路。首先,以广发银行与高某某信用卡纠纷一案为例,① 被告人高某某于 2015 年 12 月 9 日在广发银行处申领了信用卡,自 2017 年 1 月 1 日起逾期,截至 2019 年 6 月 3 日累计欠款共计 53526.37 元。经原告多次催收,被告至今仍未偿还,故原告诉至法院。基于以上事实,法院认为被告人在持卡消费后,未按约在还款期限内履行还款义务,显属违约。而与之对比的是作为刑事案件的陈某某信用卡诈骗一案,② 案件中被告人陈某某于 2012 年 7 月向农业银行申领了信用卡,后在明知无还款能力下持卡透支消费,自 2015 年 9 月起开始逾期,发卡银行于 2017 年 2 月 16 日报警,截至案发,被告人陈某某共计透支本金人民币 6 万余元超过规定还款期限并经银行多次催收后仍不归还。基于以上事实,法院认为被告人陈某某以非法占有为目的,超过规定期限透支信用卡,经发卡银行催收后仍不归还,数额较大,其行为构成信用卡诈骗罪。通过上述民事纠纷与刑事犯罪案件的案情对比可以看出,这两件案件在透支数额、逾期时长、发卡银行催收程序以及在发卡银行未通过法律手段主张其权利之前,持卡人未归还欠款的几个方面均没有明显的区别。此时,对信用卡逾期纠纷和恶意透支的界定则更需要依赖非法占有目的的认定。但是,很明显,在这两起民事与刑事案件的对比中,无法找到刑事案件中的被告人具有非法占有目的而民事案件中的被告人不具有非法占有目的的明显区分。也就是说,通过与民事信用卡纠纷案

---

① 详见 (2019) 津 0103 民初 11431 号判决文书。
② 详见 (2019) 沪 0117 刑初 753 号判决文书。

件的对比，可以发现当下恶意透支型信用卡诈骗罪司法实务中有关非法占有目的的认定表现得较为表面化，非法占有目的有名无实，不能发挥出罪与非罪的界分功能。

五 "有效催收"形如虚设

2018年《解释》加强了对恶意透支型信用卡诈骗罪有关催收实质认定方面的内容。具体而言，2018年《解释》增设了"有效催收"这一概念，在"有效催收"的概念之下，对催收的起始时间、催收的方式、两次催收之间的时间间隔以及催收的规范性与合法性做出了相应的规定，旨在限定催收，并防止催收的形式化导致不当扩大刑事处罚范围。据此，在恶意透支型信用卡诈骗罪的司法实践中，"催收"也是认定的重点考察内容，需要考察催收的起始时间、效果、间隔、合法性这四方面的内容。但在恶意透支型信用卡诈骗罪的司法实务中，"有效催收"未能实现上述功能，其设置形如虚设，不符合"有效催收"的"催收"也被认定为"有效"，使不应该介入刑事诉讼的案件依然作为刑事案件予以处理。

由于2018年《解释》于2018年10月19日通过，2018年12月1日起施行，因此本书在分析催收的认定时将2018年与2019年、2020年恶意透支型信用卡诈骗罪的一审判决文书分别考察，通过对比2018年的一审裁判文书与2018年《解释》实施后的2019年与2020年的一审裁判文书中有关催收的认定方法与认定逻辑，来探究"有效催收"的认定情况和"有效催收"认定中的重点问题。通过对裁判文书的整理，可以发现2018年上海市、广东省以及福建省的831篇恶意透支型信用卡诈骗罪一审裁判文书中，共有40篇文书中将发卡银行的催收行为认定为"有效催收"，占总数的4.8%；而在2018年《解释》实施之后，2019以及2020年上海市、广东省以及福建省的409篇恶意透支型信用卡诈骗罪一审裁判文书中，共有34篇文书中将发卡银行的催收行为认定为"有效催收"，占总数的8.3%。从表面来看，自2018年《解释》

实施之后，实务中对"有效催收"的重视程度小有提升，但经过分析之后可以发现，实际上在恶意透支型信用卡诈骗罪的审判活动中，仍然没有发挥有效催收的限缩司法适用的功能。首先，虽然一部分文书中将发卡银行的催收认定为刑法意义上的有效催收，但对何为有效催收没有论证，只有结论。例如在林某信用卡诈骗罪一案中，① 法院对发卡银行的有效催收的认定表述为"经发卡银行两次有效催收后超过三个月仍不归还"，而对催收的方式、催收起始时间、两次催收之间的间隔无任何证明或提及。

其次，恶意透支型信用卡诈骗罪的司法实务中对于催收的形式没有进行实质认定，在实践当中表现为无论发卡银行采取何种催收方式，都可以被认定为"有效催收"。2018年《解释》对如何认定有效催收进行了较为详尽的规定，② 是否属于"有效催收"是司法工作人员基于对发卡银行提供的各类催收证明与证据做出综合判断之下而得到的认定结果。那么若发卡银行采取了电话方式进行催收时，实务人员必须综合电话录音来判断电话催收是否送达行为人，以及电话催收的内容为何。但是在1240篇恶意透支型信用卡诈骗罪裁判文书中，共有1083篇文书中的发卡银行采取了电话方式进行催收，但是其中仅有128篇文书中有催收电话录音作为认定有效催收的证据，其余文书中作为认定电话催收有效性的证据多为发卡银行或催收公司提供的电话催收记录。而由于发卡银行本身不需要为催收的有效性负责，其只需尽到通知义务，使催收记录保存至银行系统内即算完成催收。故而，在审判活动中，司法工作者需根据电话录音的内容来判断发卡银行的催收是否符合"有效催收"，但很显然，在恶意透支型信用卡诈骗罪的司法实践中省略了对催收有效性的认定，以"催收"的存在替代了"有效催收"的认定。

---

① 详见（2019）闽0481刑初462号判决文书。
② 2018年《解释》第七条规定："对于是否属于有效催收，应当根据发卡银行提供的电话录音、信息送达记录、信函送达回执、电子邮件送达记录、持卡人或者其家属签字以及其他催收原始证据材料作出判断。"

此外，司法实践中弱化了对 2018 年《解释》中催收起始时间的要求，无论是 2018 年《解释》实施之前还是实施之后的案件，催收的起始时间表现得较为混乱。根据归纳统计，恶意透支型信用卡诈骗罪的司法实践中，发卡银行的催收时间最早起始于行为人未能有效还款的第一个月，例如在林某信用卡诈骗一案中，[①] 被告人林某自 2011 年 3 月 24 日至 2013 年 6 月 13 日透支使用期间，透支本金累计人民币 24 万余元，发卡银行于 2013 年 7 月起催收。此外，实践中也存在行为人未能进行有效还款的半年后才开始对行为人进行催收，例如在全某某信用卡诈骗一案中，[②] 被告人全某某自 2011 年 3 月 25 日至 2015 年 10 月 14 日透支使用期间，透支本金累计人民币 10 万余元。2016 年 4 月起，发卡银行才开始以信函、电话等方式多次催收。可以说，实际上 2018 年《解释》对"有效催收"的强调在司法实务中没有发挥任何实际意义，"有效催收"形同虚设。

六 无持卡资质的"持卡人"比例畸高

在认定行为人实施的信用卡透支逾期不还的行为是否构成恶意透支型信用卡诈骗罪时，对行为人的主体身份进行审查是判断构成要件符合性的必要环节，若行为人不符合恶意透支型信用卡诈骗罪的对主体身份的要求，则不能构成犯罪。在探讨恶意透支型信用卡诈骗罪行为人主体身份时，恶意透支信用卡的持卡人是一种特殊身份，恶意透支型信用卡诈骗罪是特殊身份犯是当下刑法学界的主流观点。具体而言，恶意透支主体只能是合法持卡人，这与银行信用卡章程中有关恶意透支的规定一致[③]。而之所以强调持卡人身份的"合法性"，是为了突出行为人是通过正当合法的手续向银行申领并被批准获得信用卡，行为人与发卡银行之间签订了信用卡申领条约，因而双方之间存在着一种债权债务的特殊

---

① 详见（2018）沪 0117 刑初 1763 号判决文书。
② 详见（2019）沪 0117 刑初 50 号判决文书。
③ 刘华：《信用卡犯罪中若干疑难问题探讨》，《法学》1996 年第 9 期。

关系。那么，当持卡人具有还款责任而不还时，持卡人就构成了恶意透支。但是，这种理解是存在瑕疵的。持卡人与发卡银行之间签订了信用卡申领条约，持卡人与发卡银行之间具有债权债务关系并不是认定恶意透支型信用卡诈骗罪的重点。若将持卡人违背了信用卡申领条约，没有履行基于债权债务关系而产生的还款义务作为刑法处罚恶意透支的依据，则完全是将恶意透支作为一种严重的民事违约行为予以看待，恶意透支型信用卡诈骗罪会彻底沦陷为发卡银行的"讨债工具"。因此，持卡人是否与发卡银行之间签订了信用卡申领条约并不是认定恶意透支型信用卡诈骗罪主体身份的重点内容。

本书认为，恶意透支"持卡人"的认定重点应该聚焦在持卡人的持卡资质之上。详言之，所谓具有持卡资质指的是持卡人的资信情况良好，可以通过发卡银行的资信审核，这也是发卡银行会与持卡人签订信用卡申领条约，对持卡人发放信用卡的首要条件。于信用卡业务运转和信用卡交易规则来看，发卡银行对申请人进行资信审核，并对申请人进行授信的发生顺序也是在发卡银行与申请人签订信用卡申领条约之前的。申请人资信良好，被发卡银行判定为具有持卡资质，发卡银行才能够信任申请人，对申请人进行授信，并基于对申请人的信任，相信申请人可以在透支消费后归还欠款。也就是说，发卡银行之所以相信持卡人可以在透支之后归还欠款的原因是持卡人自身的资信情况，亦即，持卡人是有持卡资质的，而不是持卡人与发卡银行之间签订了信用卡申领条约，否则，信用卡的资信审核就失去了存在必要。而发卡银行本身没有仔细审核申请人的资信情况，只是为了盲目发卡、扩大市场份额而对申请人进行授信时，发卡银行认为申请人会归还透支款项的依据则是其与申请人之间的信用卡申领条约的合同效力，而非申请人是否符合持卡资质。而信用卡诈骗的其他四种行为类型的行为人则不具备持卡资质，信用卡诈骗的其他四种类型的行为人若不通过骗领、伪造、冒用、使用作废的信用卡等手段则不能获得发卡银行的信任，如果其使用自己的真实身份申请信用卡，发卡银行并不会相信其会在透支后归还透支款项。因

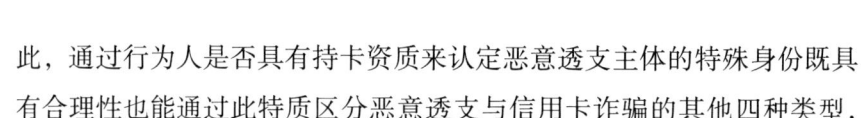

此，通过行为人是否具有持卡资质来认定恶意透支主体的特殊身份既具有合理性也能通过此特质区分恶意透支与信用卡诈骗的其他四种类型，不会引发歧义。

综上所述，恶意透支型信用卡诈骗罪的行为主体是具有持卡资质的持卡人，自身资信情况不佳，若发卡银行认真审核则不能对其授信的，实际上不具有持卡资质的持卡人不属于恶意透支型信用卡诈骗罪的主体范围之内，其不具备发卡银行相信其透支消费后会归还的信用基础。但是，在恶意透支型信用卡诈骗罪的实务中，存在着大量的无持卡资质的持卡人透支后不还被作为恶意透支处理的情况，是恶意透支型信用卡诈骗罪司法适用扩张的主要表现之一。具体而言，上海市、广东省与福建省 2018—2020 年的恶意透支型信用卡诈骗罪的一审裁判文书中，共涉及 1240 名被告人，其中，313 名被告人的职业情况都表现为无业，占总人数的 25%。为了探究这 313 名被告人究竟是在申请信用卡之时就处于无业状态，还是在申请、使用信用卡后失业，暂时丧失了还款能力，又尚未在立案之前找到新工作，本书又对这 313 份裁判文书中被告人是否对非法占有目的进行反证的情况进行了归纳，结果发现 313 名无业的被告人都没有对自身具有非法占有目的进行反证，亦没有对自身的还款能力和还款意愿进行任何说明或辩解。那么，则基本可以判定这 313 名被告人均是在申请信用卡之时就处于无业状态，且这种状态一直维持到立案前。也就是说，发卡银行在对这 313 名无业被告人进行资信审核时，并没有尽到审慎授信的义务，在明知被告人无业，没有稳定的还款能力的情况下，依然为了扩大市场份额而盲目发卡，使没有持卡资质的被告人得到了信用卡，发卡银行在对这类主体发放信用卡时，并没有基于主体自身的信用而相信其会归还，而更多是依赖于双方之间签订的信用卡申领条约所产生的合同效力来保证其归还情况。因此，在恶意透支型信用卡诈骗罪的司法实务中，无持卡资质的持卡人比例畸高，有 25% 的不符合持卡资质的持卡人被认定为恶意透支的行为主体，最终以恶意透支型信用卡诈骗罪进行定罪量刑。

第三节 恶意透支型信用卡诈骗罪司法适用扩张化的根源

通过对恶意透支型信用卡诈骗罪司法裁判数据的分析,能为我们透视恶意透支刑法文本规范在司法适用过程中是如何被鲜活的案件事实所解构的,也让我们看到了恶意透支型信用卡诈骗罪在司法裁判过程中呈现出来的司法适用扩张化的趋势。本书认为,恶意透支型信用卡诈骗罪司法适用呈现扩张化的根本症结并不在于当前立法和司法解释的严重缺位。相反,通过前文的论述可以发现,2009年《解释》和2018年《解释》等相关法律规范已然较为完备。因而,本书认为,恶意透支型信用卡诈骗罪司法适用问题的根源在于以下两个方面:一方面,对恶意透支型信用卡诈骗罪保护法益的定位出现了错位,使得裁判者在面对案件事实时,并未能顾及恶意透支型信用卡诈骗罪的特殊犯罪属性,从而使得对恶意透支型信用卡诈骗罪的规范解读产生谬误。另一方面,忽视了恶意透支型信用卡诈骗罪中发卡银行的过错。恶意透支型信用卡诈骗罪作为一种被害人与行为人互动性极强的犯罪,行为人之所以得以实施恶意透支与发卡银行的信用卡业务管理、经营有莫大的关系。上述二者共同作用,由此导致了恶意透支型信用卡诈骗罪司法适用的扩张化,与2018年《解释》的审判精神与审判思路相悖。

一 保护法益定位不清

法益作为刑法理论的基础已成为被刑法学者们普遍认可的通说,法益保护原则亦已成为刑法立法与司法的正当化原则,所谓刑法即是一部法益保护法。[1] 因此,上至刑法总论,下至分论各罪,都需要以保护法

---

[1] 张明楷:《法益初论》,中国政法大学出版社2000年版,第3页。

益为方向进行解释与适用。而反映在司法适用中，更需要通过对案件的审判来对刑法规范内涵的保护法益进行具体还原，以此来达到释法说理的效用。在个罪的司法适用中，对犯罪构成要件的解释结论，须得以该罪的保护法益为指导，在刑法用语可能具有的含义内确定构成要件的具体内容，使符合该构成要件的行为确实侵犯了该罪的保护法益，如此才能使刑法规定该犯罪、设立该条文的目的得以实现。[1] 如若对个罪保护法益的理解出现了偏差，则落实到具体的司法认定中也必然会存在相应的问题。在恶意透支型信用卡诈骗罪的司法适用中，法益对司法实践内在操作的指导性没有得到良好的贯彻，对保护法益的定位出现了偏差，具体体现在以下几个方面：第一，实务中对恶意透支型信用卡诈骗罪保护法益的认识分歧较大。在对2018年、2019年、2020年上海市、福建省、广东省恶意透支型信用卡诈骗罪一审共1240篇裁判文书进行归纳分析后可以发现，实践中认定恶意透支所侵犯的法益主要有以下几方面：从总体上看，恶意透支型信用卡诈骗罪的司法实践中对保护法益的判定可先分为单一法益与双重法益，其中单一法益有信用卡管理法规、金融管理秩序、正常的金融信贷秩序、国家金融票证管理制度、社会主义市场经济秩序、社会管理秩序；而双重法益则有信用卡管理法规以及公私财物所有权、信用卡管理法规以及造成银行经济损失、信用卡管理法规以及金融管理秩序、信用卡管理制度以及公私财产权利、国家金融管理秩序以及金融机构的财产所有权、国家金融管理秩序以及公共财产所有权、国家金融管理制度以及公私财产所有权、社会主义市场经济秩序以及国家金融票证管理制度、社会秩序以及公私财产不受侵犯，此外，还存在着大量的未对保护法益进行说明的裁判文书。而将上述保护法益所提及次数进行分析（图1-3），可以看出恶意透支型信用卡诈骗罪的司法实践中以未说明恶意透支型信用卡诈骗罪的违法性依据的文书为主，约占整体的84%。此外，在对恶意透支型信用卡诈骗罪保护法

---

[1] 张明楷：《刑法学》（第五版），法律出版社2016年版，第65页。

益有所提及的文书中，违反信用卡管理法规、维护国家金融管理制度以及公私财产所有权、保护金融管理制度或秩序占比最多，分别占比8.4%、3.3%以及1.7%。

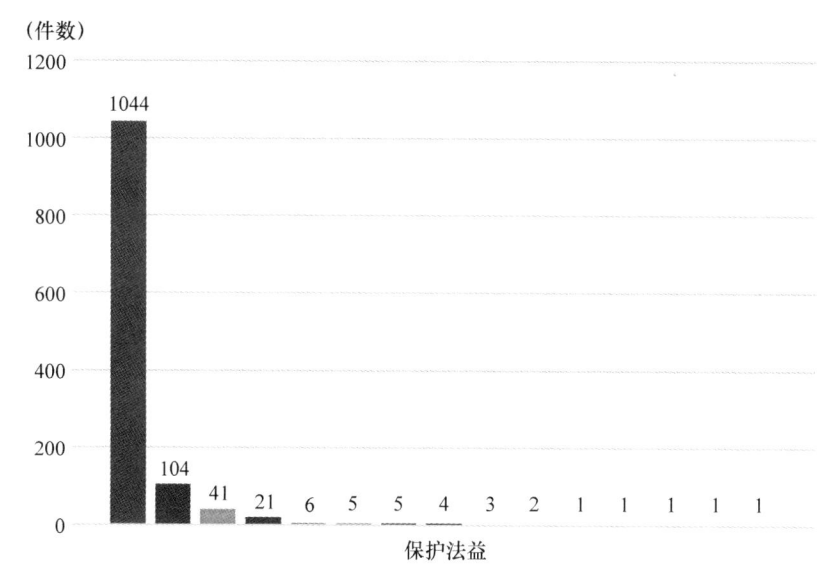

（件数）

保护法益	件数
未说明	1044
信用卡管理法规	104
国家金融管理秩序、公私财产所有权	41
金融管理制度或秩序	21
社会主义市场经济秩序	6
信用卡管理规定、银行财产	5
国家金融管理秩序、公共财产所有权	5
正常的金融信贷秩序	4
公私财产不受侵犯、社会秩序	3
国家金融票证管理制度	2
信用卡管理法规、公私财物所有权、金融管理制度	1
信用卡管理法规、金融管理秩序	1
社会主义市场经济秩序，国家金融票证管理制度	1
社会管理秩序	1
银行财产所有权	1

图1-3 恶意透支型信用卡诈骗罪裁判文书体现的保护法益总结

而上述数据所反映出的不仅是对法益的描述或判定不同，或是司法活动中存在对恶意透支型信用卡诈骗罪的保护法益存在百家争鸣式的实质性理解与认定的现象，而是忽视了保护法益的实质内涵，没有将所保护的法益具体到恶意透支型信用卡诈骗罪的存在环境中进行深入认定与还原，仅进行简单判定的结果。

第二，84%的文书中对恶意透支型信用卡诈骗罪的保护法益没有任何提及或说明，实则表现出来的是不以保护法益为指导的，片面性地考察行为的形式违法的审判思路。亦即，行为人的行为仅需符合恶意透支型信用卡诈骗罪构成要件即认定为犯罪，对违法性没有实质判断，忽视了对恶意透支型信用卡诈骗罪实质违法性的内容考察。这也就不难理解为什么司法实践中会忽视对具体构成要件要素的认定，因为只要在形式上符合法条的要求，即可构罪。这也就自然导致了对"信用卡"的概念、"超过规定期限"的时间范围、"有效催收"、非法占有目的只做形式上的认定，不去探究构成要件要素实体内涵。

第三，在具体说明了恶意透支型信用卡诈骗罪所侵犯法益的案例中，诸如国家金融票证管理制度、维护社会秩序、维护社会管理以及维护正常的金融信贷秩序之类的法益的判定更是匪夷所思。具体而言，若认为恶意透支型信用卡诈骗罪的保护法益是国家金融票证管理制度，则必然会将信用卡与各类金融票证作为等同概念进行理解，[①] 在审判过程中，自然无法认识到信用卡业务的实质内涵，由此导致的当然结果就是对信用卡概念认定上出现偏离，对超过规定期限认定极为宽泛。而若认为恶意透支型信用卡诈骗罪的保护法益是维护社会秩序、维护社会管理，则更是忽视了恶意透支金融犯罪的本质，只考察了犯罪行为对社会管理以及社会秩序的侵犯，因此，在此层面上，对恶意透支构成要件要素的认定的把握重点就只会局限在恶意透支是一种侵犯社会秩序的犯罪，应该对这种行为进行定罪量刑。以犯罪数额的认定为例，无论如何计算恶意透支的犯罪数额都不影响恶意透支信用卡作为一种犯罪对整体社会秩序的侵犯。但是，恶意透支型信用卡诈骗罪本身是行为人带有非

---

① 例如汇票、本票、支票、委托收款凭证、汇款凭证、银行存单、信用证等。

法占有目的地使用信用卡,且拒不归还欠款的行为,就其发生领域而言,尚不足以影响广义层面的社会管理以及社会秩序。而所谓金融信贷秩序更多时候是用于非法吸收公众存款罪的保护法益当中,是指其他机构或个人非法吸收公众存款从事信贷业务的行为,扰乱了正常应由银行等合法金融机构吸收公众存款并发放贷款的金融秩序。① 但是,从恶意透支的构成要件来看,恶意透支的行为本身并不会侵犯发卡银行吸收公众存款并发放贷款的金融信贷秩序。而上述三种保护法益类型只是司法实践对恶意透支型信用卡诈骗罪理解出现偏差的表现形式之一,对恶意透支型信用卡诈骗罪的保护法益有着一种"想当然"似的理解与判断,没有深入思考恶意透支的本质与保护法益。

第四,恶意透支型信用卡诈骗罪的保护法益究竟是单一法益还是双重法益亦是一个根本性的问题,对该问题的认识产生分歧,则对行为人的行为是否应被评价为不法的结论将存在天差地别的区分。若认为恶意透支型信用卡诈骗罪的保护法益是双重法益,则对行为人行为的不法判定需要更为复杂的认定过程,对其不法的判断要更为严苛;而若认为恶意透支型信用卡诈骗罪所保护的是单一法益,则对恶意透支的认定范围要宽过双重法益的认定范围,这就导致了在司法实践中存在着行为人仅违反所谓的信用卡管理法规即可入罪和要证明行为人不仅违法了信用卡管理法规,亦侵犯了公私财产所有权才成立犯罪的同案不同判现象。具体而言,若认为恶意透支型信用卡诈骗罪的保护法益只是信用卡管理法规或信用卡管理制度,那么没有给发卡银行带来财产损失,但没有按照规定使用信用卡、出现信用卡逾期的行为也侵犯了所谓的"信用卡管理法规",只要满足构成要件,则也可被认定为恶意透支型信用卡诈骗罪,实则是将其作为行为犯而理解。这也就是实务中非法占有目的有名无实的根本原因,行为人是否具有非法占有目的对于其是否侵犯了信用卡管

---

① 谢望原、张开骏:《非法吸收公众存款罪疑难问题研究》,《法学评论》2011年第6期。

理法规并不重要，只要行为人应该归还欠款而没有归还欠款，违规使用信用卡，就是对信用卡管理制度本身的侵犯。

第五，在对法益判定与理解的差异中，暴露出了法官对恶意透支型信用卡诈骗罪的不同价值偏向。在恶意透支型信用卡诈骗罪司法实践中的保护法益的判定中，诸如违反信用卡管理制度法规或制度、保护金融管理制度或秩序、扰乱正常金融信贷秩序、维护社会主义市场经济秩序、维护社会管理秩序等秩序、保护规范类法益占绝大多数，说明目前恶意透支型信用卡诈骗罪的司法实践仍中以保护规范、保护秩序为主。而实际上将对秩序、规范的违反作为违法性的本质，实则是过于重视规范违反的行为无价值的体现，① 侧面反映出法官对恶意透支型信用卡诈骗罪违法性的价值判断，忽视对实质违法性的考察。而认为恶意透支型信用卡诈骗罪保护法益是秩序法益类的理解，必然导致对案件的审理中忽视对犯罪数额的计算，对"信用卡""超过规定期限透支""有效催收""非法占有目的"的认定出现形式化的趋势，因为只要是没有按照规定使用信用卡，都是对金融交易秩序的一种侵犯，均可以构成相关犯罪。此外，类似于公私财产权利与公共财产权利，公私财产权利与金融机构的财产所有权之间在表述上的细微差距所表现出的司法价值取向也截然不同。公共财产权利所表达的司法内涵是一种认为发卡银行的财产仍然是国有财产，发卡银行是国家政策下承担政策性业务的金融机构，其表达的罪刑内涵并非是围绕信用卡业务进行展开，而是围绕作为承担国家一定财政政策的发卡银行的保护而进行展开，在审判思路中难免带有一定的政策性倾向，为了保护发卡银行的财产，而忽视了作为被害人的发卡银行的过错。此外，司法实践中对法益理解的分歧在恶意透支型信用卡诈骗罪存在环境的语境下的指向不同，内涵不同。信用卡管理法规、金融管理秩序、社会主义市场经济秩序、正常金融信贷秩序、金融票证管理这些秩序规范型法益在恶意透支型信用卡诈骗罪的生存领域内

---

① 李勇：《经济犯罪"口袋化""形式化"之反思》，《经济刑法杂志》2021年第20期。

实则指向的是不同意义，发挥的是不同作用。纵使是规范秩序类法益，其具体内涵也各不相同，规范内容更是大相径庭。具体在恶意透支型信用卡诈骗罪的深入理解与解读中，上述不同的法益对于信用卡业务的运行，金融市场的运作的作用有着有无以及程度意义上的区分，但在司法实践所体现出的是将其在同等概念与作用下对其使用刑法这一手段来对其进行保护。

综合而言，对恶意透支型信用卡诈骗罪保护法益定位不清，仅通过刑法条文的字面意思中引导出恶意透支型信用卡诈骗罪的保护法益，或对恶意透支型信用卡诈骗罪的保护法益定位出现偏差，则必然会导致对罪行规范的解释与适用缺乏相应的、正确的指导，在认定犯罪时仅注重法条与事实的字面意义上的对应性，不考虑犯罪的实质违法性，是恶意透支型信用卡诈骗罪司法适用扩张化的根本源头。

二 忽视对发卡银行过错的考量

在以犯罪、刑罚为主要研究对象的刑法学中，有关被害人问题的研究，应当占据重要地位。而被害人因素，无论是在理论上对刑法学体系的完善，还是在实践中对国家刑罚权的运作，都具有十分重要的意义。[①] 司法实践当中，被害人的行为更多是作为被害人过错这一酌定量刑情节广泛出现在侵犯人身权利的命案中，通过认定被害人过错的存在而影响量刑。而通过举重以明轻的逻辑，既然在侵害公民人身权利的命案中都可以通过肯定被害人过错而影响案件审判，那么在侵犯财产权利以及金融秩序的案件中，在有关司法解释不断拓宽恶意透支型信用卡诈骗罪的出罪路径的趋势下，实务中被害人过错应该更具适用空间。具体而言，恶意透支型信用卡诈骗罪是一种较为典型的行为人与被害人之间互动性较强的犯罪。发卡银行作为恶意透支型信用卡诈骗罪的被害人，

---

① 参见高铭暄、张杰《刑法学视野中被害人问题探讨》，《中国刑事法杂志》2006 年第 1 期。

更是与其他侵犯人身、民主权利犯罪的被害人有着截然不同的特点,表现在恶意透支型信用卡诈骗罪的司法实践中,行为人是否能够实施恶意透支行为很大程度上取决于发卡银行的业务操作是否严谨以及风险管控能力是否合格。在恶意透支型信用卡诈骗罪的司法实践中,存在着大量的发卡银行过错极为明显,但在定罪量刑中却没有得到应有的考量的案件。如本章第二节所述,实务中无持卡资质的持卡人比例畸高,这一现象实则暗含了对发卡银行过错的思考,是发卡银行盲目审批、松懈审批才导致了无持卡资质的持卡人能够得到信用卡进行恶意透支。而实务中忽视发卡银行自身的行为对恶意透支的发生具有不可推卸的责任,无疑是导致恶意透支型信用卡诈骗罪司法适用扩张化趋势的另一根本源头。具体而言,通过对1240份一审判决文书的分析,可以发现发卡银行存在以下四点具体过错行为,而这四项行为在审判活动中均未得到应有的重视。

(一)发卡银行不审慎的审批环节

在银行审批发卡环节中,如若发卡银行可以审慎授信、审慎发卡,则许多恶意透支案件根本不会发生。但是在司法实践中有以下两点现象值得关注。第一,以上海市的269篇判决文书为例,在269份文书中,仅有1份文书认为被告人同时满足使用以虚假身份证明骗领信用卡与恶意透支信用卡两项犯罪事实,尚未在恶意透支型信用卡诈骗罪的判决文书中发现有冒用他人信用卡并恶意透支的情形。这也就说明,269份恶意透支型信用卡诈骗罪的判决文书中的被告人中仅有一人使用了虚假身份,其他被告人均使用其自身的真实身份通过了发卡银行的审核,最终得到了信用卡。但与之相对地,在269份文书中,共有52%的文书认定行为人是在"明知无还款能力"的情况下使用信用卡,并由此认定行为人具有非法占有目的。这样的对比无疑令人困惑,既然行为人自身不具备还款能力,又未使用虚假身份骗领信用卡或冒用他人信用卡,那么行为人又是如何通过发卡银行对其长期还款能力进行评估后的资质审核的?本书认为,这一现象很好地说明了发卡银行对于信用卡审批环节的松懈管理,为了盲目追求信用卡发卡数量而懈怠对申请人的资质审核,从而使行为人得以利用信用卡进行恶意透支。此外,在福建省与广东省2018年、2019年、2020年的恶意透支型信用卡诈骗罪的971份一审裁判文书中,共有302份文书中记载了行为人为无业者的自然情况,占全部文书的31%。也就是说,有31%的行为人自身没有固定工作,没有稳定收入来源。而在这302份文书中,仅有22份文书中的行为人在申请信用卡时使用了虚假的资质证明。也就是说,280份文书中的无业被告人都不是通过使用虚假的身份证明或资质证明,而是提供了个人的真实信息,却依然通过了发卡银行的审批环节,并利用信用卡进行恶意透支。这一情况进一步说明了发卡银行信用卡业务审批环节的懈怠,使不符合持卡资质的行为人得到了使用信用卡并进行利用透支的资格。

第二,发卡银行信用卡业务中的审批环节,不仅只有审批申请人是否具有持卡资质这一过程,还包括了综合申请人的资产情况和信用情况予以授信额度这一重要环节。发卡银行需要根据申请人的收入水平、信贷历史、资产情况以及征信记录等信息来判断赋予发卡人的信用额度应该是多少。通常来讲,申请人收入水平越高,信贷历史、征信记录越好,其能获得的授信额度就越高。以上海市为例,在上海市2018年、2019年以及2020年的恶意透支型信用卡诈骗罪的269份一审裁判文书中,共有115篇文书中论及了行为人是"无还款能力下仍然使用信用卡进行透支"。若通过授信额度审批的基本原理来判断,行为人无还款能力,且没有稳定工作与良好的经济状况,就算其通过审批而获得信用卡,得到的授信额度也不会很高,而通过对这115份文书中涉案的115名被告人的透支金额进行统计,却发现了令人惊讶的事实。① 通过图1-4的展示可以发现,有52%的被认定为无还款能力的行为人的透

---

① 对于同一被告人持有多张信用卡的情况,本书统计了其中透支本金最高的一张信用卡作为数据样本。

支本金竟然达到了 10 万元以上。而当下我国信用卡额度的设置基本为，普通信用卡：3000—10000 元；金卡信用卡：10000—30000 元；白金卡：50000 元以上。信用卡的信用额度的计算方法为：信用额度 = 可用额度 - 已用额度，其中可用额度即是本章信用卡可使用的最大可消费额度，而使用后却未归还的已用额度会一直占用可用额度的数额，若一直不归还款项且继续使用，则可用额度会越来越少，不会随着每月账单日的到来而还原为原有额度。因此，无还款能力的行为人透支本金达到 10 万元以上可以说明其在申请信用卡时获得的授信额度极高，远超于常规最高级别白金卡可享用的信用额度。

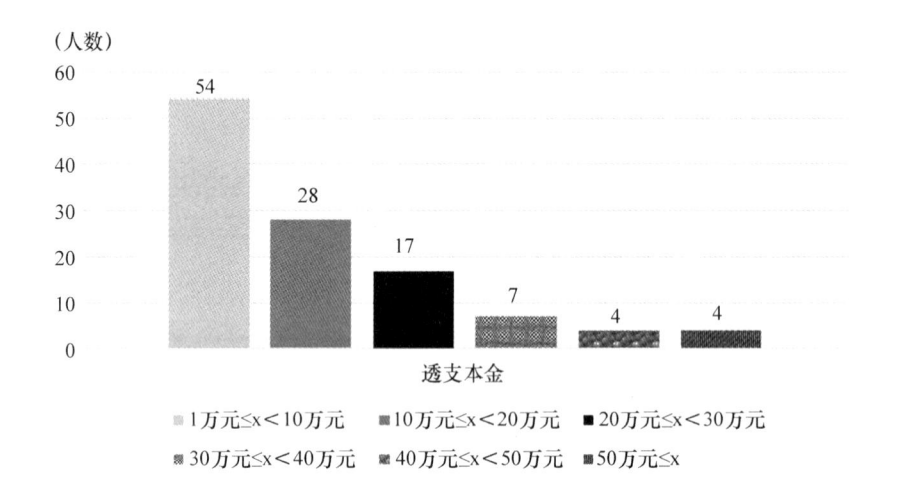

图 1-4 明知无还款能力的被告人透支本金数额

与被告人普遍存在的明知无还款能力与不佳的经济状况相比，可见其信用卡授信信用额度之高，现象之异常。这有效地说明了发卡银行审批环节的懈怠审核，在审批环节中，不审慎发卡，不谨慎审核申请人应获得的信用额度，为了盲目占有市场份额而发给申请人与其收入状况不相符的信用额度，但司法适用过程中却对这一明显的现象视而不见，片面地将恶意透支的结果完全归责于行为人。

（二）发卡银行懈怠的风险监控环节

信用卡安全风险管理是信用卡产业发展中的一项自主行为，[1] 为了追求更高的利益，控制风险、监控风险是信用卡业务发展中最为重要的环节之一。在发卡银行的信用卡风险监测管控环节中，如果其可以做到建立有针对性的监控体系，实施持续的、高强度的日常监管，则可有效地减少恶意透支的发生，但恶意透支型信用卡诈骗罪的司法实践却表现出与之相反的状况，主要表现为以下两点。

第一，发卡银行风险预警机制的失灵。具体而言，根据《商业银行信用卡业务监督管理办法》第五十二条的规定，发卡银行开展信用卡业务应当建立相应的信用卡业务风险管理制度，当掌握到持卡人信用状况、收入情况的改变时，应该根据持卡人的风险性而采取相应的对策，例如调减授信额度、止付、冻结等。[2] 据此，当发卡银行已明确掌握了持卡人信用卡逾期的情况下，就应当做好相应的防范措施，以防造成更多损失。但恶意透支型信用卡诈骗罪司法实践却表现出了发卡银行懈怠风险管理的情况。以上海市 2018 年、2019 年以及 2020 年的 269 份恶意透支型信用卡诈骗罪一审判决文书为例，其中，共有 30 份文书体现了行为人使用信用卡出现了逾期，发卡银行已对其进行过催收，但行为人没有还款行为的情形下，仍然能正常使用信用卡进行透支消费的情况。[3] 具体而言，以朱某某信用卡诈骗一案为例，[4] 在该案件中，被告人朱某某自 2016 年 4 月至 2020 年 3 月使用信用卡进行透支，但在 2019 年 3 月之

---

[1] 赵永林：《信用卡安全机制与法律问题研究》，法律出版社 2011 年版，第 7 页。
[2] 《商业银行信用卡业务监督管理办法》第五十二条规定："发卡银行应当建立信用卡业务风险管理制度。发卡银行从公安机关、司法机关、持卡人本人、亲属、交易监测或其他渠道获悉持卡人出现身份证件被盗用、家庭财务状况恶化、还款能力下降、预留联系方式失效、资信状况恶化、有非正常用卡行为等风险信息时，应当立即停止上调额度、超授信额度用卡服务授权、分期业务授权等可能扩大信用风险的操作，并视情况采取提高交易监测力度、调减授信额度、止付、冻结或落实第二还款来源等风险管理措施。"
[3] 有些文书内容过于简洁，对行为人申请、使用信用卡的时间以及银行的催收时间没有任何相关记载，因此在司法实践中，行为人经催收后不归还欠款却仍然能正常使用信用卡的实际情况可能要比现有数据更多。
[4] 详见（2020）沪 0117 刑初 1613 号判决文书。

前，被告人朱某某就已出现了逾期不还的情况，发卡银行于2019年3月对其进行催收。但是，在2019年3月至2020年3月期间，被告人朱某某未进行任何还款，却仍然能够在发卡银行发起催收后的一年期间正常使用信用卡进行消费透支。这一现象很好地说明了目前我国发卡银行信用卡业务风险监控非常松懈的现状，在行为人已经没有按时还款，发卡银行已进行了催收但行为人仍然没有还款的前提下，已经能够说明该账户的风险性很高，发卡银行应该及时停卡，以免增加信贷风险或可能的诈骗风险，减少造成进一步的损失的可能性。但是由于发卡银行对于风险监管的懈怠抑或是其为了追求更高的利息、复利与滞纳金而放任该风险，由此造成的严重后果是否应完全归责于行为人在当下的司法审判活动中未引起任何争议，这不禁令人产生困惑。

第二，发卡银行风险防控反应滞后。在发卡银行信用卡业务的风险监控环节中，注重银行与征信系统的连接与联系是防控信用卡风险的关键环节。根据《商业银行信用卡业务监督管理办法》第十八条的规定，身份证件验证系统和征信系统的连接和使用情况良好是商业银行开办信用卡发卡业务的条件之一。而根据中国银行业协会银行卡专业委员会颁布的《中国银行卡行业自律公约》，要求各发卡银行为持卡人提供还款"容时容差"服务。[①] 具体而言，即便持卡人没有在还款日当时及时还款，各发卡银行会设置期限不同的宽限期，在宽限期以内还款的，不视为逾期，也不会将持卡人信用卡逾期的情况上传至征信系统，一般来说，宽限期从1天至10天不等。也就是说，如果持卡人超过宽限期后，其逾期的相关信息就会上传至征信系统，在其他银行使用征信系统时，

---

① 《中国银行卡行业自律公约》第十四条规定："成员单位应努力提升信用卡服务质量，为持卡人提供人性化的用卡服务，倡导各信用卡发卡行建立信用卡还款'容差服务和容时服务'或对贷记卡透支额在免息还款期内已还款部分给予利息减免优惠：（一）成员单位为持卡人提供'容时服务'，应为持卡人提供一定期限的还款宽限期服务，还款宽限期自到期还款日起至少3天；持卡人在还款宽限期内还款时，应当视同持卡人按时还款。（二）成员单位为持卡人提供'容差服务'，如持卡人当期发生不足额还款，且在到期还款日后账户中未清偿部分小于或等于一定金额（至少为等值人民币10元）时，应当视同持卡人全额还款。"

就会查阅到持卡人在其他发卡银行处的逾期记录,而定期查看持卡人的征信记录是发卡银行日常风险监管的环节之一。据此,按照上文的论述,在行为人已经于发卡银行 A 产生逾期后,发卡银行 B 也会根据行为人的征信记录得知行为人于发卡银行 A 的逾期情况。在发卡银行 B 的风险监管中,应该对其进行标记,采取相应的措施防止恶意透支风险的发生。但是在恶意透支型信用卡诈骗罪的司法实践中,却发现了持卡人持有多家银行信用卡进行透支逾期的现象。以上海市为例,在上海市的 269 份判决文书中,共有 71 份文书记载了行为人持有了多家银行信用卡,且多张银行卡均存在逾期的情况,占全部文书的 26%。例如在汪某某信用卡诈骗一案中,[①] 被告人汪某某持有不同银行的四张信用卡,被告人汪某某其中一张信用卡逾期最早出现于 2014 年 11 月,但是直至 2015 年 6 月,被告人汪某某均可正常使用其他三家银行的信用卡,且没有出现信用卡被调减授信额度、止付、冻结的情况。

  由此可见,在恶意透支型信用卡诈骗罪的司法实践中发卡银行在其审批环节与风险管控环节都存在着较大疏漏,发卡银行在开展信用卡业务过程中,自身没有做到审慎经营以及认真防范信用卡风险的工作。而在恶意透支型信用卡诈骗罪的审判中,裁判者全然忽视发卡银行过错对实害结果发生的作用力,片面地将财产损失的后果归责于行为人,无形中加重了被告人入罪的可能性,造成了恶意透支型信用卡诈骗罪司法适用的扩张化。

[①] 详见(2020)沪 0109 刑初 107 号判决文书。

第二章　恶意透支型信用卡诈骗罪保护法益的定位

在明确了恶意透支型信用卡诈骗罪司法适用扩张化的具体体现以及问题产生的症结之后，对恶意透支型信用卡诈骗罪的实质违法性进行深入分析自然成为了限缩司法扩张的有效进路之一。而为了深入研究恶意透支型信用卡诈骗罪的实质违法性，使恶意透支型信用卡诈骗罪的司法适用处于一种平衡、合理、动态的状态内，不仅要从刑法学本身出发，根据刑法的谦抑性、犯罪论的理论框架严格界定恶意透支型信用卡诈骗罪的不法判断标准与逻辑，更要联系恶意透支型信用卡诈骗罪得以发生的时代背景。而位于《刑法》第三章破坏社会主义市场经济秩序罪范畴内的恶意透支型信用卡诈骗罪有着金融犯罪的天然属性，具有金融犯罪的面向和财产犯罪面向的双重属性。因此，本书在分析恶意透支型信用卡诈骗罪的保护法益时，在运用刑法教义学分析的基础上，还采用了金融学理论为研究工具，对恶意透支型信用卡诈骗罪得以生存的信用经济时代下的保护法益分析为进路之一，以期对恶意透支型信用卡诈骗罪的构成要件的解释与适用指引方向。

第一节　恶意透支型信用卡诈骗罪保护法益的观点评析

根据我国刑法的规定，刑法的任务和目的就是保护法益。反之，对法益的侵害或威胁，也就成为刑法禁止的根据。易言之，刑法之所以以刑罚禁止某种行为，是因为它侵害或者威胁了法益。因而，侵犯法益是违法性的实质。① 而在司法适用的过程中，对犯罪构成要件的解释必须以该法条的保护法益为方向。在解释犯罪构成要件时，明确该犯罪的保护法益是第一要义，然后才能在刑法用语可能具有的含义内确定构成要件的具体内容，确认符合构成要件的行为确实侵犯了保护法益，具有实质违法性，由此才能实现刑法规定该犯罪、设立该条文的目的。因此，恶意透支型信用卡诈骗罪的保护法益的明晰成为了研究其司法适用的元问题。但是，通过上述恶意透支型信用卡诈骗罪一审裁判文书的整理，可以发现司法适用过程中对恶意透支型信用卡诈骗罪保护法益的定位多为违反信用卡管理法规、扰乱金融信贷制度、国家金融票证管理制度这类规范或秩序违反的法益，而类似违反信用卡管理法规、扰乱金融信贷制度，更是具有强烈的"看似什么都说了，其实什么都没说"的模糊性，仍然无法为说明恶意透支的本质或为限缩恶意透支型信用卡诈骗罪的司法扩张提供任何实质性的方向指引。因此，本节将通过对当下学术界有关恶意透支型信用卡诈骗罪所保护法益的观点进行梳理评析，试图能够探究其中的共性问题，为进一步对恶意透支保护法益的定位打下理论基础。根据保护法益的不同侧重点，本书将现有有关恶意透支型保护法益学术观点分为单一法益说，其中包括财产保护说与信用保护说；以及双重法益说，其中包括财产保护与秩序违反说、信用保护与财产保护说。

一　单一法益之财产保护说

持该观点的学者认为恶意透支型信用卡诈骗罪的保护法益主要是财产权益，虽然从刑法理论维度出发认为恶意透支型信用卡诈骗罪或许存在着破坏信用卡管理秩序的一面，但更主要地还是侵犯了发卡银行的财

---

① 张明楷：《刑法学》（第五版），法律出版社2016年版，第109页。

产权益。实践中，从决定是否追究恶意透支型信用卡诈骗罪行为人的刑事责任层面而言，侵害信用卡管理秩序起不到任何实质性的作用，更无法上升到决定罪与非罪的本质高度。[1] 因此，只有财产法益才是恶意透支型信用卡诈骗罪真正的保护法益。

该观点察觉到了侵害信用卡管理秩序这一法益不具有对司法实践认定犯罪的指导性，但是，对个罪保护法益的分析不能仅从局部出发，更应将其置入《刑法》分则所处的章节之中。恶意透支型信用卡诈骗罪位于《刑法》分则第三章破坏社会主义市场经济秩序罪之中，进一步细化，其位于破坏金融管理秩序罪这一节中，立法者之所以将金融诈骗罪归列于该分节中，绝不单纯出自对金融机构财产权的保护，更是从恶意透支对金融活动、金融交易、金融安全以及整体经济发展的宏观维度进行的考量。若认为恶意透支型信用卡诈骗罪仅是出于对财产权的保护，则与其《刑法》所处章节的立法目的不符。若按该观点，应将恶意透支型信用卡诈骗罪放置于第五章侵犯财产权犯罪之中，于其保护法益、犯罪手段，以及刑法条文之间的协调性来说，都显得更为妥当。

二 单一法益之信用保护说

持该观点的学者认为"恶意透支"更主要的是一种滥用信用和权利的行为，透支是银行依据信用卡的信用度所赋予持卡人的特殊权利，因此恶意透支的实质是极度恶劣的一种透支行为。[2] 持该观点的学者坚持恶意透支型信用卡诈骗罪不具备诈骗性质，其根本是超过规定透支不还，恶意透支的实质违法性在于行为人滥用了信用，于恶意透支当中的滥用信用主要指的是滥用发卡银行赋予持卡人的信用，对信用卡发卡人与持卡人之间的信赖关系进行侵害，并损害了信用卡制度，妨碍了利用

---

[1] 参见周铭川《论恶意透支型信用卡诈骗罪的本质》，《东方法学》2013 年第 5 期。
[2] 于改之、李川：《我国信用卡犯罪的立法缺陷及其完善》，《云南大学学报》（法学版）2006 年第 1 期。

信用卡从事的正常交易活动。[①]

信用保护的观点很精准地抓住了恶意透支型信用卡诈骗罪中最重要的关键词——"信用",即恶意透支型信用卡诈骗罪的实质违法性在于行为人滥用了发卡银行给予其的信用,因此需要对其适用刑罚。在十几年前信用社会与信用体系建设尚不发达的年代,对信用的关注与研究是非常具有前瞻性与敏锐性的学术观点。但是上述观点没有进行更为深入的研究,即为何侵犯信用,为什么侵害了信用卡发行者与持卡人之间的信赖关系,滥用发卡银行赋予持卡人的有关信用的特殊权利就应该被刑法所禁止?此外,所谓妨碍了利用信用卡从事正常的交易活动的实质内涵是什么?行为人的恶意透支行为是如何妨碍利用信用卡从事正常的交易活动的?都是上述观点的遗漏之处。具体来说,由于恶意透支型信用卡诈骗罪为典型的法定犯,其实质违法性无法像自然犯一般被公众所理解熟识。因此,为何信用、信用卡发行者与持卡人之间的信赖关系为什么要用刑法来保护是必须进行深入解释的。结合《刑法》分则第三章第四节的整体内容,所谓侵害信用、滥用信用是如何对金融交易活动、金融环境产生恶劣影响的都是亟待深入回答的问题。此外,不考虑理论命题是否符合当下的刑事立法,用其既定的理论命题推演案件结论是当下我国刑法学界的研究惯性。[②] 但法律不是嘲笑的对象,在恶意透支型信用卡诈骗罪已然被打上诈骗罪标签的情况下,就不能忽视其侵犯财产权的一面。此外,虽然"信用"本身并不像"秩序"一样有着非常明显的行为无价值的特征,但是深入分析之后可以发现,以"信赖关系""信用"作为恶意透支型信用卡诈骗罪的保护法益,实质上仍然是一种行为无价值的体现。在"信用""信赖关系"法益的指导下,只要行为人违背了其与发卡银行之间的信用卡申领条约,出现了信用卡逾期,即使没有给发卡银行造成财产损失,也可以算是对"信用"本身的侵害。

[①] 参见刘明祥《用拾得的信用卡在 ATM 机上取款行为之定性》,《清华法学》2007 年第 4 期。

[②] 张明楷:《诈骗罪与金融诈骗罪研究》,清华大学出版社 2006 年版,第 5 页。

因为"违背信用"的内容不仅是没有归还应还的欠款,更包括了没有按照约定期限归还欠款,否则也就不会出现只要发生一次信用卡逾期行为就会被计入征信系统,对信用记录造成不良影响的情况了。

三 双重法益之财产保护与秩序违反说

(一) 双重法益之财产保护与秩序违反说的具体内容

认为恶意透支型信用卡诈骗罪的保护法益是财产以及秩序规范的观点属于当下理论研究中的主要学术观点,持该观点的学者认为,金融诈骗罪的保护法益不只是财产,还包括金融秩序、市场经济秩序。[1] 持该观点的学者主要是从恶意透支型信用卡诈骗罪所处《刑法》分则章节位置出发,认为社会主义市场经济秩序是《刑法》分则第三章"破坏社会主义市场经济秩序罪"中各节犯罪的同类客体。但在同类客体之外还有一个"次层次"的同类客体,而处于第三章第四节的恶意透支型信用卡诈骗罪的"次层次"的同类客体是金融管理秩序。而《刑法》独立设立"金融诈骗罪"一节的立法原意不仅是根据金融领域中诈骗犯罪的特点来区分财产诈骗罪与金融诈骗罪的界限,更是偏重对金融机构资金安全的保护。并对金融管理秩序与财产所有权之间做了主次要关系的区分,其认为金融诈骗罪的主要保护法益是金融管理秩序,而次要保护法益则是国家、集体、个人财产所有权。[2] 总而言之,持该观点的学者普遍认为恶意透支型信用卡的伪造授权、骗取授权,最终表现为逃避授权的行为的手段特征确实具有诈骗罪的特质,但其同时必然也是侵害信用卡管理秩序的犯罪。[3]

(二) 双重法益之财产保护与秩序违反说的评析

认为恶意透支型信用卡诈骗罪所保护的是双重法益的这一观点是较

---

[1] 参见张明楷《诈骗罪与金融诈骗罪研究》,清华大学出版社2006年版,第2—3页。
[2] 参见刘宪权《金融犯罪刑法学原理》,人民出版社2017年版,第9—13页。
[3] 参见赵秉志、许成磊《恶意透支型信用卡诈骗犯罪问题研究》,《法制与社会发展》2001年第3期。

为全面与深入的,因为恶意透支型信用卡诈骗罪不仅具备了诈骗罪典型的侵犯财产权的特征,更有着侵害金融安全与侵害经济利益的特点。但上述观点在论述恶意透支型信用卡诈骗罪的保护法益是信用卡管理秩序、市场经济秩序、金融秩序时,并没有很好地阐明解释什么是金融秩序,什么是市场经济秩序,什么是信用卡管理秩序。此外,保护金融秩序、市场经济秩序以及信用卡管理秩序对于基于信用卡业务基础上的金融市场运行以及经济发展有何实质性的作用是上述观点的遗漏之处。最后,上述观点也未回答金融秩序、市场经济秩序、信用卡管理秩序这三者对于信用卡业务的生存环境来说是否具备相同的含义,其指向是否一致这一重要问题。而这几个问题都关涉着所谓金融秩序、市场经济秩序、信用卡管理秩序是否值得动用刑法来保护,以及这三种法益的确定如何可以更好地指导构成要件的解释这两个基本问题。

1. 秩序类法益的具体内涵

市场经济秩序、金融秩序、信用卡管理秩序是三个本质上不同的概念。市场经济秩序是国家整体经济发展的大背景,是指市场交换合作过程中各方所呈现的竞争性有序整合状态抑或竞争性无序冲突状态。[1] 而金融秩序则更侧重于金融市场,一般分为金融交易秩序与金融管理秩序。金融交易秩序强调的是金融市场交易之内的秩序,是金融机构之间以及其与客户之间经营货币及信用业务的平等经济关系基础上的金融交易秩序;[2] 而金融管理秩序强调的是金融市场交易之外的秩序,以维护金融体制的垄断性、规范性为基本根据。[3] 信用卡管理秩序指的是国家对于信用卡的发放主体资格以及信用卡发放程序有着严格的限制,这些具体的限制和规定构成了信用卡管理秩序。由此可见,市场经济秩序、金融秩序、信用卡管理秩序指向不同,不能被当作同等概念予以使用,

---

[1] 周怡:《信任模式与市场经济秩序——制度主义的解释路径》,《社会科学》2013年第6期。
[2] 刘远、赵玮:《论金融犯罪的概念与地位》,《河北法学》2005年第7期。
[3] 钱小平:《中国金融刑法立法的应然转向:从"秩序法益观"到"利益法益观"》,《政治与法律》2017年第5期。

若认为恶意透支型信用卡诈骗罪的保护法益是信用卡管理秩序,就不能认为其同时侵犯了市场经济秩序,因为对信用卡发放、管理秩序的侵犯,不会造成对广义上的市场经济秩序的侵犯。

2. 秩序类法益的时代脱节性

以"秩序"作为金融犯罪的法益选择并不是学界或是实务界的"奇思妙想",而是有着特定经济背景烙印的时代产物,换言之,有什么样的金融市场,就有什么样的金融法律制度。在计划经济的长期与深刻影响下,若采用经济学理论来概括中国金融体系的特性特征,则贯穿我国30年来的金融市场发展始终的脉络方向即是"金融抑制"(financial repression)战略。从学术上来看,有关"金融抑制"理论最早是在20世纪70年代由罗纳德·麦金农和爱德华·肖两位学者在其各自著作《经济发展中的货币与资本》[①] 以及《经济发展中的金融深化》[②] 中提出的,其指的是货币体系被抑制的一种状况,并引发了国内资本市场受到割裂,并对现实资本积聚的质量和数量造成严重的消极影响。而从市场的表现来看,"金融抑制"主要表现为政府主动、有意识地对金融市场进行全方位的介入,特别是通过人为地干预金融市场的交易,来实现国家在特定时期的既定经济发展目标。[③] 在"金融抑制"的背景下,作为国家经济发展的基本要求表现为规制性,这奠基了作为抑制保障机制的金融法的工具性价值取向,将维护金融秩序作为金融法制体系建设的主要目标。[④] 而以"秩序"为主线发展起来的金融秩序法益、市场经济秩序法益、信用卡管理秩序法益是与当时金融市场有序发展建设规律的

---

① Ronald I. McKinnon, *Money and Capital in Economic Development*, The Brookings Institution, Chapter 7, "Financial Repression and Inflation", 1983, pp. 68 - 89,转引自黄韬《"金融抑制"与中国金融法治的逻辑》,法律出版社2012年版,第5页。

② Edward S. Shaw, *Financial deepening in Economic Development*, Oxford University Press, Chapter 4, "Financial Repression", pp. 80 - 1133,转引自黄韬《"金融抑制"与中国金融法治的逻辑》,法律出版社2012年版,第5页。

③ 参见黄韬《"金融抑制"与中国金融法治的逻辑》,法律出版社2012年版,第5—7页。

④ 魏昌东:《中国金融刑法法益之理论辨正与定位革新》,《法学评论》2017年第6期。

步调一致的,满足了特定时代背景的经济发展需求,有助于我国金融市场的初期茁壮并促进实体经济繁荣。而在我国加入WTO,与国际金融市场的交织越来越紧密,市场准入门槛逐步放松的背景下,经济发展早已不再以"秩序"为主题。根据党的十八届三中全会通过的《中共中央关于全面深化改革若干重大问题的决定》,经济体制改革已踏上了不再依赖国家的规制实现高质量发展的道路,而是更多地借助于市场的力量,"效益"和"效率"已然成为了当下经济发展前进的时代关键词。[①]而金融市场的变化也引发了金融法律制度的变化,在"效益"和"效率"为第一位的经济发展轨道上,以"秩序"为主线发展起来的秩序法益自然无法适用时代主题,已然呈现与时代脱节的滞后、落后的状态。

3. 秩序类法益的模糊性

所谓信用卡管理法规、信用卡管理制度或秩序一类的表达实则并没有明确的指示,无法很好地指导构成要件要素的解释,不能为恶意透支型信用卡诈骗罪提供实质违法性根据。首先,所谓信用卡管理制度,必然是建立在相应法律规范之上的,只有通过法律的规范表达才能明晰信用卡管理制度所指为何。而法律规范中与信用卡管理最接近的《商业银行信用卡业务监督管理办法》实则是为了规范商业银行的信用卡业务,促进信用卡业务健康有序发展而设立的,并非为了规范持卡人的申请卡与用卡行为。因此,以侵犯信用卡管理法规或信用卡管理制度为违法性依据从根本上就不足以成为恶意透支的保护法益,因为在恶意透支的语境下,必然伴随着对持卡人的规范要求。其次,即使《商业银行信用卡业务监督管理办法》是为了约束持卡人的用卡行为的法律规范,侵犯了

[①] 党的十八届三中全会通过的《中共中央关于全面深化改革若干重大问题的决定》指出:要紧紧围绕使市场在资源配置中起决定性作用深化经济体制改革,坚持和完善基本经济制度,加快完善现代市场体系、宏观调控体系、开放型经济体系,加快转变经济发展方式,加快建设创新型国家,推动经济更有效率、更加公平、更可持续发展。大幅度减少政府对资源的直接配置,推动资源配置依据市场规则、市场价格、市场竞争实现效益最大化和效率最优化。

其他法规也并不是刑法的处罚依据。单纯的行政违法并不足以说明恶意透支型信用卡诈骗罪的实质违法性，刑法不以违反其他法律规范作为认定犯罪、适用法律的最终根据，因为侵犯其他法律法规本身无法说明恶意透支型信用卡诈骗罪的本质，更无法向公民传达刑法所处罚的究竟是怎样的用卡行为，使公民对日常信用卡的使用充满困惑。恶意透支型信用卡诈骗罪作为法定犯的一种，具备法定犯行政和刑事的双重违法性的共性：即法定犯首先具有行政法规的违反性，因而具有行政违法性；同时，法定犯侵害刑法保护的法益，因而具有刑事违法性。[1] 因此，反映在恶意透支型信用卡诈骗罪中，若将违反信用卡管理法规、管理制度作为保护法益，一无法说明其行政违法性，二无法说明其刑事违法性。若仅以侵犯了信用卡管理法规为依据，则凡是在信用卡业务中的违规行为均属于侵犯了信用卡管理法规，也均属于刑法的规制范围内，由此就会导致恶意透支型诈骗罪的司法适用范围边界不清。

四 双重法益之财产保护与信用保护说

（一）双重法益之财产保护与信用保护说的具体内容

认为恶意透支型信用卡诈骗罪的保护法益是信用以及财产的观点属于当下理论研究中的"小众"观点，持该观点的学者认为恶意透支型信用卡诈骗罪的保护法益是公共信用以及公私财产权，并进一步地论证了在信用卡诈骗罪的四种类型中，恶意透支与其他三种类型具有本质上的差异，违规透支是其他三种类型的表现形式。对于恶意透支而言，其强调的是破坏持卡人与发卡银行之间的信赖关系，因此，这种行为不仅侵害了信用卡的公共信用，还可能侵害发卡银行或者合法持卡人的财产权益。[2] 财产保护与信用保护说的观点还延伸至对恶意透支的性质探讨中，有学者认为恶意透支是一种特殊的背信行为，当行为人超过合法的

---

[1] 陈兴良：《法定犯的性质和界定》，《中外法学》2020年第6期。
[2] 安文录、李睿：《恶意透支行为刑事司法认定问题研究》，《刑法论丛》2010年第3期。

范围使用信用卡,进而突破了信用卡业务赋予的持卡人与发卡银行之间的相互关系,行为人就滥用了允许他通过信用卡而获得的促使发卡银行支付的可能性,如果持卡人不能按期将欠款补足,就会造成发卡银行的损失。① 持该观点的学者一般都建议仿照德国刑法的立法模式,将恶意透支单独设立罪名,规定为滥用信用卡罪,从而充分突显恶意透支同时存在违背信用关系与侵犯财产的一面。

(二) 双重法益之财产保护与信用保护说的评析

该观点通过恶意透支与其他三种信用卡诈骗罪的对比入手分析恶意透支型信用卡诈骗罪的保护法益,更加全面性、综合性地观察到了恶意透支型信用卡诈骗罪对于侵害财产权益以及侵害公共信用、信用关系的双面性,是非常具有创新性且前瞻性的观点。但是,所谓"信用卡的公共信用"对于刑法学而言是一个新兴概念,持此观点的学者并没有继续回答公共信用的本质是什么。首先,实际上,信用是一个涵摄范围非常广的概念,将其置于不同的学科下,则会有着不同的概念与侧重点。具体而言,信用可以是一种人们的精神追求和道德规范;也可以是一种人与人之间相互信任的社会关系;还可以是有条件让渡货币或商品以获得未来偿还和利息的一种经济交易活动。② 那么该观点中的"公共信用"是哪一维度的公共信用?换言之,刑法应当保护的是作为社会意义上的信用还是经济意义上的信用,或者是不加区分地对广义上的"信用"予以保护?若认为恶意透支型信用卡诈骗罪的保护法益之一是信用,则需要进一步对信用的内涵予以明晰。同时,其忽视了破坏持卡人与发卡银行之间的信赖关系与侵害信用卡的公共信用之间的因果关系的探讨,从破坏发卡银行与持卡人之间的信赖关系的维度上,无法直接得出侵害了信用卡的公共信用的结论。其次,该观念没有深入探讨恶意透支背信性质的具体体现,只是将德国滥用信用卡罪的立法进行了简单说明,以

---

① 冯涛:《恶意透支信用卡诈骗罪的认定及立法完善》,《中国刑事法杂志》2004 年第 1 期。

② 吴晶妹:《三维信用论》,当代中国出版社 2013 年版,第 1 页。

此来论证恶意透支的背信性质显然不够充足。最后，其认为应将恶意透支型信用卡诈骗罪改为滥用信用卡罪的观点实则忽视了我国当下刑事立法与司法还不具备将滥用信用卡独立成罪的现状。

综上所述，当下学术界有关恶意透支型信用卡诈骗罪的保护法益虽然成果丰富也较为深入，但是各观点均有不足之处。不足之处主要表现为学者们对恶意透支型信用卡诈骗罪保护法益的研究总是与当下的金融时代背景脱节，将自己局限于刑法学的单一维度下探讨恶意透支保护法益的应然样态。忽视了恶意透支型信用卡诈骗罪之所以得以发生的金融背景以及信用卡业务的基本特性。此外，在认为恶意透支型信用卡诈骗罪保护法益为信用类法益的观点中，没有对这一新兴法益进行详尽的论述，信用类法益的内涵与外延表现得较为模糊。而对恶意透支型信用卡诈骗罪保护法益的理论争议主要集中在以下几个方面：第一，恶意透支型信用卡诈骗罪的法益究竟是单一法益还是双重法益；第二，恶意透支型信用卡诈骗罪保护法益的具体内容是什么；第三，若认为恶意透支型信用卡诈骗罪的保护法益为双重法益，则法益的主次性的应然关系应该是怎么样的。因此，为了深入探究恶意透支型信用卡诈骗罪的保护法益，回答上述问题，需要将恶意透支代入到其得以发生的经济时代背景之下，有什么样的金融时代背景，就有什么样的金融法律制度，对一罪保护法益的讨论与定位离不开对该罪所处的金融时代背景进行分析。此外，恶意透支作为信用卡诈骗的一种犯罪类型，信用卡的相关理论和知识也是研究其保护法益必不可少的分析素材，因此，对恶意透支型信用卡诈骗罪保护法益的分析还需对信用卡的相关理论予以关注。

第二节　恶意透支型信用卡诈骗罪双重法益的证成

通过本章第一节对恶意透支型信用卡诈骗罪保护法益观点的评析以

及本书第一章对恶意透支型信用卡诈骗罪司法实践中对法益理解的分歧中可以发现，恶意透支型信用卡诈骗罪的保护法益是单一法益还是双重法益存在较大争议。若要对恶意透支型信用卡诈骗罪保护法益进行定位与探析，恶意透支型信用卡诈骗罪的保护法益究竟是单一法益还是双重法益即是一个根本性、基础性的问题。对该问题产生认识分歧，则行为人的行为是否应被评价为不法的结论将存在天差地别的区分。若认为恶意透支型信用卡诈骗罪是双重法益，则对行为人行为的不法判定需要更为复杂的认定过程，对其不法的判断要更为严苛；而若认为恶意透支型信用卡诈骗罪所保护的是单一法益，则恶意透支型信用卡诈骗罪的认定范围要宽过双重法益的认定范围，这就导致了在司法实践中存在着行为人仅违反所谓的信用卡管理法规即可入罪和要证明行为人不仅违法了信用卡管理法规，亦侵犯了公私财产所有权才成立犯罪的同案不同判现象。

一 "双重法益说"与立法精神相契合

有学者认为，正是因为经济犯罪双重保护法益的特性，我国现行刑法将金融诈骗罪独立于普通诈骗罪之外，规定于《刑法》第三章"社会主义市场经济秩序罪"中。[①] 本书认为，对经济犯罪保护法益的分析不能只局限于个罪罪名在《刑法》分则中所处位置孤立的判断，更要结合法条设置时所处时代背景对立法者的立法原意、立法精神进行探究。

于恶意透支所处《刑法》分则章节位置来看，立法者将信用卡诈骗罪从诈骗罪中独立出来绝不是单纯考虑了金融诈骗罪的特殊手段，更是因为金融诈骗罪发生和作用的特殊领域和其引发的严重后果。我国第一张信用卡诞生于1985年，是由中国银行珠海分行发行的中银卡。自此之后的近十年里，信用卡都处于发展极为缓慢的状态，在此阶段内仍

[①] 张明楷：《诈骗罪与金融诈骗罪研究》，清华大学出版社2006年版，第58—59页。

以准贷记卡为主,持卡人若想持卡于商场内消费购物,则需要商场员工查阅信用卡记录单并核实持卡人信息,确认信用卡的卡内状态后才能完成消费。而使信用卡迈入高速发展的两大事件分别是1993年开始实施的"金卡工程"[①] 以及1995年我国进入互联网时代。在此背景下,广发银行于1995年推出了第一款真正意义上的信用卡产品,开创了我国信用卡发展的新局面,标志着中国信用卡真正迈入了发展时期。在此时代背景下,信用卡诈骗罪被设立。可以看出,在信用卡业务刚刚起步发展的背景下,将信用卡诈骗罪从诈骗罪中独立出来的根本目的在于保证信用卡业务稳步、有序的发展,防止行为人借由信用卡这一支付工具为自己谋取私利,破坏信用卡业务的整体信用,最后导致信用卡坏账率激增,信用卡业务萎缩,公民不信任信用卡制度,不敢用卡的不良局面。亦即,在信用卡发展的萌芽阶段,恶意透支型信用卡诈骗罪的立法原意、立法精神在于防止信用卡诈骗相关犯罪影响信用卡业务的发展,破坏金融秩序。若立法者设立信用卡诈骗罪的立法原意只是保护发卡银行的财产权利,则无须单独设立信用卡诈骗罪,只需沿用诈骗罪的相关法律规范即可达到保护金融机构财产的目的;而若认为立法者设立信用卡诈骗罪的立法原意只是保护信用卡制度的发展,则立法者无须强调信用卡犯罪与"诈骗"之间的关系。

此外,即使如本章第一节对恶意透支型信用卡诈骗罪保护法益观点评析部分所论述的,在当下我国经济发展关键词已由"秩序发展"转向"效益"与"效率"的前提下,"秩序"法益已明显与经济发展步调不一致,应该舍弃以"秩序"建构起来的相关法益。但这并不意味着在经济发展方向发生转变后,恶意透支的保护法益就只有财产法益。立法精神所体现的是强调恶意透支对金融市场的破坏与侵害的同时更强调

[①] 金卡工程是指1993年6月国务院启动的以发展我国电子货币为目的、以电子货币应用为重点的各类卡基应用系统工程。金卡工程广义是金融电子化工程,狭义上是电子货币工程。它是我国的一项跨系统、跨地区、跨世纪的社会系统工程。它以计算机、通信等现代科技为基础,以银行卡等为介质,通过计算机网络系统,以电子信息转账形式实现货币流通。

第二章 恶意透支型信用卡诈骗罪保护法益的定位

对发卡银行财产的保护,也许其保护对象的内涵会随着经济发展需求而改变,而此时刑法学者的任务就是根据时代的变化和需求探索恶意透支于经济时代背景中需保护的、只能由刑法所保护的法益,而不是直接抹杀、忽视恶意透支对金融市场的恶劣影响。

同时,个罪的法律规范是探究该罪保护法益的重要来源,对法律规范中所展示出的审判精神进行分析是研析保护法益的主要方法。而"双重法益说"所体现的恶意透支的双重内涵也与2018年《解释》相契合。具体而言,2018年《解释》着重突出了对非法占有目的独立要件地位的重视,① 表达了恶意透支型信用卡诈骗罪的司法适用要严格防止非法占有目的认定被虚化,并重点强调对非法占有目的要进行全面的、综合的考量的审理思路。毋庸置疑,非法占有目的是作为财产犯罪的主观核心要件而存在,我国学术界与实务界的通说认为,非法占有目的是侵财犯罪成立必备的不成文的主观构成要件要素。② 因而,2018年《解释》对非法占有目的的实质认定的强调无疑是在渲染恶意透支型信用卡诈骗罪财产犯罪的属性。而与此相对的则是2018年《解释》的起草人之一、最高人民法院法官耿磊在谈及对2009年《解释》进行修改的背景与修改的主要考量时,曾多次论及恶意透支型信用卡诈骗罪对于保护信用卡管理秩序的重要性,认为本次对2009年《解释》的修改需要结合我国经济社会发展情况和维护信用卡管理秩序的实际需要,③ 强调恶意透支对于金融领域相关法益的侵犯,突出恶意透支型信用卡诈骗罪的金融犯罪的属性。也就是说,2018年《解释》所传达出的精神在于恶意透支型信用卡诈骗罪并不是单一针对保护财产法益或金融法益其中之

---

① 2018年《解释》对非法占有目的的认定进行了强调,不仅将2009年《解释》规定的六种情形之一的"肆意挥霍透支的资金,无法归还的"修改为"使用虚假资信证明申领信用卡后透支,无法归还的";还在第六条中增设了认定的实质化思路;并允许行为人对非法占有目的进行反证。其目的旨在为非法占有目的的认定提供实质标准。

② 高铭暄、马克昌:《中国刑法解释》(下卷),中国社会科学出版社2006年版,第1946页。

③ 参见耿磊《〈关于修改《关于办理妨害信用卡管理刑事案件具体应用法律若干问题的解释》的决定〉的理解与适用》,《人民司法》2019年第1期。

一而设立并适用的。在恶意透支型信用卡诈骗罪的司法实践中，既要强调对财产法益受损的实质认定，又要考察恶意透支对于金融法益的侵犯情况。因此，对保护财产和保护金融法益进行同时强调是2018年《解释》所表达出的审判思路，而"双重法益说"完美契合2018年《解释》的审判精神。

二 "双重法益说"可完整评价恶意透支的不法内容

若要探究恶意透支型信用卡诈骗罪保护的究竟是单一法益还是双重法益，论证"双重法益说"或"单一法益说"何者能够更精准地反映恶意透支的不法内容是其中的必要环节。详言之，若认为恶意透支型信用卡诈骗罪保护的是单一法益，就需论证单一法益即可承担完整评价恶意透支不法内容的功能，否则，恶意透支型信用卡诈骗罪保护法益则为双重法益。根据前文对恶意透支型信用卡诈骗罪保护法益相关理论观点的梳理与评析，可以发现当下学术界持"单一法益说"的学者或是认为恶意透支型信用卡诈骗罪保护法益是发卡银行的财产；或是认为其保护法益是信用。那么首先即需要论证发卡银行的财产法益或信用法益能否完整评价恶意透支的不法内容。

（一）财产法益无法完整评价恶意透支的不法内容

本书认为，若认为恶意透支型信用卡诈骗罪保护法益是单一法益，法益内容为财产法益，则不能完整评价恶意透支的不法内容。具体而言，首先，财产法益不能涵盖行为人违背与发卡银行的信用卡申领条约、破坏信用的一面。在财产法益的维度下，行为人违背与发卡银行的信用卡申领条约、破坏信用的行为与结果只能单纯地作为犯罪手段、引起财产损失结果的原因而存在，不能受到应有的关注。易言之，仅关注财产法益，实际上即是将恶意透支作为纯粹的侵财犯罪予以理解，会缺失从实质解释论上考证恶意透支对信用破坏的一面，无法体现恶意透支对金融市场的作用与破坏。其次，如果认为只凭财产法益就足够包含恶意透支的违法性，那么在对具体构成要件要素的解读上，财产法益应做到可以使构成要件要素的解释更具解释力、减少司法实践中存在的认定争议，但是，财产法益无法完成这样的任务。

最好的示例即是在信用卡概念的认定中，根据本书第一章恶意透支型信用卡诈骗罪司法适用问题的探究部分可以发现司法实践中对以信用卡为依托的专项分期是否属于信用卡产生了较大的争议。若认为恶意透支型信用卡诈骗罪保护的只是单纯的财产法益，依照《关于〈中华人民共和国刑法〉有关信用卡规定的解释》，只要具备消费支付、信用贷款、转账结算、存取现金其中的部分功能就可被认定为信用卡，行为人通过使用这四项功能其中之一致使发卡银行财产遭受损失，且满足恶意透支的其他构成要件的，即可构成恶意透支型信用卡诈骗罪。那么以信用卡为依托的专项分期即是作为消费支付功能的延续，专项分期的本质就是信用卡消费支付功能的一种，应当被认定为信用卡。但是，这样的结论显然是无法解释司法实践中的分歧的。根据2018年《解释》，发卡银行违规以信用卡透支形式变相发放贷款，持卡人未按规定归还的，不作为恶意透支进行处理。[①] 那么，以财产法益为指导，信用卡透支形式的发放贷款本身也是信用卡消费支付功能的一环，都是通过信用卡这一媒介对发卡银行财产的侵犯，且符合其他构成要件要素。因而，若以单一法益说之财产保护为保护法益对恶意透支型信用卡诈骗罪进行解释，无法有效地区分以信用卡透支形式存在的专项分期的本质究竟是信用卡还是贷款。而无法有效区分信用卡与贷款的概念的当然结果即是恶意透支型信用卡诈骗罪与贷款诈骗罪的边界不清，或罪与非罪的边界不清，司法适用混乱。也就是说，单纯以财产法益为指导，无法完成对信用卡概念的进一步的限缩，实现信用卡与贷款概念上的界分功能。

综上所述，就恶意透支型信用卡诈骗罪来说，财产法益这一单一法益不能完整评价其违法性，无法包容评价行为人违背与发卡银行之间的

[①] 2018年《解释》第十一条规定："发卡银行违规以信用卡透支形式变相发放贷款，持卡人未按规定归还的，不适用刑法第一百九十六条'恶意透支'的规定。构成其他犯罪的，以其他犯罪论处。"

信用卡申领合约以及行为人不守信用的部分；更不能全面指引构成要件的解释，使构成要件的内容更加清晰化，解释结论更具解释力，减少司法适用争议。

（二）信用法益无法完整评价恶意透支的不法内容

本书认为，若认为恶意透支型信用卡诈骗罪保护法益是单一法益，法益内容为信用，亦不能完整评价恶意透支的不法内容。通过上文对恶意透支型信用卡诈骗罪保护法益理论研究成果的评析可以发现，持保护法益是单一法益，且法益内容是信用观点的学者论证保护法益的最终指向都是建议我国仿照德国刑法立法的模式，对恶意透支进行单独设罪。但是，德国刑法典第266b条滥用支票卡与信用卡罪规定的内容为："滥用通过对其交付支票卡或者信用卡而获得的促使签发人支付的可能性，并且造成签发人损失的，处3年以下监禁或者罚金。"[1] 只有使用人故意滥用信用卡或支票卡"先于特约商户处消费、再付款给签发人"这一特质，并造成签发人损失的，才要承担刑事责任。可见，即使是德国刑法中的滥用支票卡与信用卡罪，其法条中也包含着给签发人造成财产损失的内容。在德国刑法学界，对滥用支票卡与信用卡罪的争议也并不在该罪是否只保护德国的非现金支付制度，不保护财产。而在于对滥用行为的性质究竟是诈骗还是背信的争论，可无论滥用行为的性质是诈骗还是背信，其得出的结论都离不开本罪会给签发人造成财产损失的结论。因而，不管怎样解释信用的具体内涵，行为人对信用的侵害都需要通过给发卡银行造成财产损失才得以显现，否则就不能认为恶意透支型信用卡诈骗罪没有造成发卡银行的财产损失，更不能认为刑法应忽视恶意透支会造成发卡银行财产损失的一面。因此，只以信用法益为指导无法涵盖恶意透支型信用卡诈骗罪造成发卡银行财产损失的一面，不能完整评价恶意透支型信用卡诈骗罪全部的不法内容。

---

[1] 王世洲：《德国经济犯罪与经济刑法研究》，北京大学出版社1999年版，第276页。

(三)"双重法益说"能够完整评价恶意透支的不法内容

一般来说,经济犯罪的危害性通常表现为物质性与非物质性两方面。其中,物质方面比较好理解,是指在经济犯罪中造成的直接性的经济损失,例如集资诈骗罪中被害人损失的透支本金以及保险诈骗罪中保险公司损失的财产。而对整个经济制度与经济秩序产生极为不良的后果则是经济犯罪对非物质方面的损害,具体来说,这种损害可以体现为经济道德的堕落、破坏经济社会赖以生存的诚实信用原则以及彼此相互的信任,造成经济活动中互相的不信任,以至于干扰经济生活的安宁秩序,进而威胁整个经济结构的安全。基于此,有学者甚至认为经济犯罪对非物质方面的侵害要高于对物质方面的侵害。[①] 具体到恶意透支型信用卡诈骗罪当中,所谓"单一法益说"抑或是"双重法益说"所表达的不法内容实则就是恶意透支造成的危害辐射范围。如上文所述,无论恶意透支的性质究竟是诈骗还是背信,恶意透支都要通过给发卡银行造成财产损失或造成财产损失的危险才能体现出来,既然如此,在论证恶意透支保护法益时就决不能忽视恶意透支财产犯罪的面向。而恶意透支作为典型的金融犯罪,其具有发生于金融市场、作用于金融市场的特性,仅从恶意透支于金融领域带来的最直观的危害即是信用卡逾期率的增加中,恶意透支对金融市场的危害便可见一斑。既然如此,在论证恶意透支保护法益时就决不能忽视恶意透支金融犯罪的面向。因此,无论如何解释财产或信用,单一法益都无法涵盖恶意透支型信用卡诈骗罪财产犯罪与金融犯罪的面向,只有双重法益说才可完整评价恶意透支的不法内容。

第三节 恶意透支型信用卡诈骗罪双重法益的内容

准确定位恶意透支型信用卡诈骗罪的保护法益,不仅是刑法教义学

---

① 林山田:《经济犯罪与经济刑法》,台北:三民书局1981年版,第46页。

视角下研究恶意透支型信用卡诈骗罪的基础命题,更对司法实践具有重要指导意义。而本节对恶意透支型信用卡诈骗罪保护法益的研究进路是在确定了恶意透支型信用卡诈骗罪的保护法益是双重法益后,从信用卡诈骗罪得以发生的存在领域与时代背景出发,探索恶意透支型信用卡诈骗罪作为金融犯罪对相关法益的侵害,挖掘恶意透支于金融犯罪面向中所保护的具体法益。此后,再通过恶意透支与其他三种信用卡诈骗行为类型的关系进行比对分析,确定恶意透支型信用卡诈骗罪于财产犯罪面向中所保护的具体法益,由此确定恶意透支型信用卡诈骗罪双重法益的保护内容。

一 信用利益法益的确认

(一)恶意透支的发生领域与时代背景

恶意透支型信用卡诈骗罪被规定于《刑法》分则第三章之中,而作为《刑法》分则第三章所规定的犯罪,虽然有着发生于金融市场并作用于金融市场的共性,但是各自发生领域却大不相同。例如《刑法》第一百八十条内幕交易、泄露内幕信息罪和利用未公开信息交易罪发生于证券期货市场,是围绕着证券、期货市场的公开、公平与公正交易原则而展开的犯罪规定,因此,对该罪保护法益的界定离不开证券、期货市场的公开、公平与公正交易的特定背景;又例如《刑法》第一百九十条规定的逃汇罪,其发生于外汇交易市场,对其保护法益的理解离不开国家的外汇管理制度,其犯罪规制和刑事政策与外汇管理形势紧密关联。[①] 而与恶意透支型信用卡诈骗罪同属于《刑法》分则第三章第五节的保险诈骗罪发生于保险市场,基于保险业务活动而展开,对该罪保护法益的探究离不开对保险业务、保险合同的认识和理解。[②] 由此可见,法益作为成文法律明文规定需要保护的利益,其利益的核心内涵不仅需

[①] 陈晨:《新形势下外汇犯罪司法实务若干问题研究》,《中国刑事法杂志》2017 年第 4 期。

[②] 林荫茂:《保险诈骗犯罪定性问题研究》,《政治与法律》2002 年第 2 期。

要联系法条本身，法条在《刑法》分则中所处位置，更需要结合法条所涵摄的特定专业领域背景来具体阐释。在新时代我国经济发展的新要求下，对我国金融法律体系的研究考察绝不能简单地从抽象的法律原则和法律逻辑出发，而是要从我国金融市场体系演变的历史和现实出发，挖掘和分析其中特定时空背景下的金融法律现状与问题，只有以此为前提而展开的研究才可能是面对现实、有针对性，对我国整体经济发展有着长期助益的。因此，对于恶意透支型信用卡诈骗罪法益的理解也离不开恶意透支得以发生的领域，只有对其发生领域以及发生背景进行深入理解，才能在此基础上对恶意透支型信用卡诈骗罪的保护法益进行定位与辨析。

　　对于恶意透支而言，其发生领域是信用卡业务体系。没有各发卡银行开展的信用卡业务，自然就没有恶意透支的发生，而为了深入地理解信用卡业务，分析信用卡业务的作用与目的就必然要论及信用卡业务得以存在的时代背景。德国学者布鲁诺·希尔德布兰德于19世纪以交易方式作为划分经济时期的标志，将社会经济发展划分为自然经济、货币经济和信用经济三个时期，在信用经济时期，商品经济的运行要以信用关系作为机制。① 信用经济成为继实物经济、货币经济之后经济发展的一个新阶段，在信用经济背景下，社会经济活动均以信用为核心实现运转，这就使得原有的交易制度和管理规则必须适应这一变化。而信用经济的主要特征是在经济运行过程中，主要以信用交易的方式进行生产、分配、交换、消费等活动；经济主体之间形成了广泛的债权债务关系；信用成为社会关系、经济运行、管理制度的核心要素之一。② 在现代市场经济条件下，信用的作用与贡献引人注目，信用已成为市场经济的基石。

　　于经济表现而言，我国也已迈入了信用经济时代。中国人民银行发

---

① 曾康霖、王长庚：《信用论》，中国经济出版社2004年版，第210—211页。
② 邢永俐：《信用利益论》，博士学位论文，复旦大学，2013年。

布的《2020年社会融资规模增量统计数据报告》显示，① 2020 年对实体经济发放的人民币贷款占同期社会融资规模的57.5%；企业债券占比12.8%；政府债券占比23.9%；非金融企业境内股票融资占比2.6%。② 可以发现，以信用为基础的信贷已经成为了实体经济融资、发展的最主要手段。而居民消费领域也呈现出愈发"信用化"的特征，根据中国人民银行发布的2018—2020年三年的年度《金融统计数据报告》，代表居民消费状况的新增居民短期贷款连年增加，增幅速度快，③ 说明居民消费愈发依赖信用交易。此外，李克强总理于 2020 年 11 月 25 日的国务院常务会议指出，"市场经济首先是信用经济，信用经济必须是法治经济"，强调了发展信用经济和信用建设对经济增长的重要性。④ 从以上数据中不难看出，信用经济已经成为支撑我国经济运转的必不可少的一环，促进信用经济是经济发展的前进道路。

于信用经济的时代背景之下，社会资源配置的方式更加多元化，以真实资本（土地、房屋、资金、劳动力）来配置资源已经不再是唯一的选择。而以信用来配置资源成为了更为优质的配置方式，借用信用配置资源可以达到资源配置更加公平、优化、有效的状态。约翰·穆勒曾指出，一个商品购买者除了可以运用他的财力购买商品外，还可以凭借他被社会大众认可的信任和偿付能力获取商品。⑤ 信用经济时代下，信用主体可以不再依靠真实资本获取更多的资源，而是能够仅凭借自身信用的累积得到某种机会、完成某种商业交易、获得具体的融资额度。在

---

① 社会融资规模增量是指一定时期内实体经济从金融体系获得的资金额，其中主要包括贷款、股票以及债券。
② 《2020年社会融资规模增量统计数据报告》，中国人民银行网，http：//www.pbc.gov.cn/goutongjiaoliu/113456/113469/4161738/index.html，访问日期：2021 年 2 月 3 日。
③ 参见《2020年金融统计数据报告》，中国人民银行网，http：//www.pbc.gov.cn/goutongjiaoliu/113456/113469/4161745/index.html，访问日期：2021 年 2 月 5 日。
④ 《2020年前三季度社会融资规模增量统计数据报告》，中国人民银行网，http：//www.pbc.gov.cn/diaochatongjisi/116219/116225/4109501/index.html，访问日期：2020 年 12 月 3 日。
⑤ [英] 约翰·穆勒：《政治经济学原理》（下卷），胡企林、朱泱译，商务印书馆 1991 年版，第 56 页。

这样的经济背景之下,信用卡业务才得以诞生。作为信用支付工具之一,信用卡背后的机理在于持卡人只凭借自身的信用就可获得发卡银行的授信额度,通过持卡人与发卡银行之间的信用交易,持卡人可以获取"先消费、后付款"的利益,而发卡银行则可以通过持卡人使用信用卡而实现盈利。得益于"先消费、后付款"以及使用方便的特性,信用卡已成为了公民日常消费使用的重要支付手段,同时也是支撑信用经济的最重要载体之一。在我国拉动内需、刺激消费政策背景下,信用卡作为重要的消费支付与信贷工具对促进经济发展贡献了巨大力量,信用卡发卡量逐年增加,信用卡的使用愈加频繁。2015年,信用卡交易金额在全国消费零售总额中的占比高达48%。[1] 这也就是说我国2015年的消费中,有将近半数的消费是通过信用卡而完成的。可以看出,信用卡对于促进居民消费增长,推动我国经济高速、高质量发展的意义不言而喻。那么,置于信用经济的时代背景之下,信用卡的最大价值就在于经济主体可以单纯凭借自身的信用,借由信用交易的方式来实现自身的经济利益以及仅凭借交易双方的信用资源就可以实现推动经济高速发展的惊人力量。

  法律对现实的适应性可以影响金融的发展,只有使金融发展要求与法律之间缺口最小化才能不断地推动金融发展。[2] 作为金融发展的重要推动力,法律不能自说自话,只有正视当下的金融环境、金融发展需求,以及金融发展障碍才能促进金融发展,否则,法律只会是金融发展的绊脚石。例如当下非法经营罪、非法吸收存款罪的犯罪圈"漫无边界",无视当下民营企业"融资难、发展难"的困境,过度介入经济生活,阻碍民营企业通过合法的民间融资方式解决自身资金需求,使民营企业更加"融资无门",无益于民营企业的生存发展。[3] 因此,具体在

---

[1] 沈洪波、曹军:《信用卡风险和消费者行为研究》,复旦大学出版社2019年版,第1页。
[2] 张建伟:《"法律与金融"交叉研究漫谈(下)》,《金融法苑》2008年第4期。
[3] 徐岱、白玥:《论中国特色法治体系下刑法观念的冲突与均衡》,《社会科学战线》2020年第9期。

恶意透支型信用卡诈骗罪中，在已经明晰了恶意透支的发生领域、时代背景以及信用卡于信用经济中具体价值的前提下，对其保护法益的理解就需以如何保障信用交易主体可以通过信用卡这一媒介获得相应的利益，促进信用交易的顺利完成，防止交易主体破坏信用交易，损害对方的经济利益为出发点。只有在此前提下确定的法益才是符合时代需求、满足经济发展且具有现实适用性的。

(二) 刑法保护的"信用"范围界定

破坏发卡银行与持卡人之间的信赖关系、破坏信用的一面是恶意透支型信用卡诈骗罪作为金融犯罪的天然属性。而信用本身是一个涵摄范围非常广的概念，将其置于不同的学科下，则会有着不同的概念与侧重点。信用可以是一种人们的精神追求和道德规范；也可以是一种人与人之间相互信任的社会关系；还可以是有条件地让渡货币或商品以获得未来偿还和利息的一种经济交易活动。[①] 那么恶意透支对信用的破坏应该在什么维度上予以理解、限制？换言之，刑法应当保护的是作为社会意义的信用还是经济意义上的信用；又或者是不加区分地对广义上的"信用"予以保护？上述问题说明了即使明确了恶意透支型信用卡诈骗罪的发生领域和背景，却依然需要进一步理清恶意透支对信用的侵犯是作用在什么层面。因为无论是强调对社会关系信任的保护还是对经济交往活动中交易主体之间的信用的保护，都是出于能够达成保护信用交易的目的。

因而，若认为恶意透支型信用卡诈骗罪的保护法益之一与行为人对信用的破坏有关，则需要进一步对信用的内涵予以明晰。于"信用"的概念之上，本书认为，恶意透支对信用的侵犯主要指的是对经济意义上的信用的破坏，原因如下：第一，刑法作为保护社会的最后一道防线，不能将维护道德、精神追求以及人与人之间的基本信任关系作为刑法的保护对象，这是刑法谦抑性的当然要求。第二，作为恶意透支犯罪

[①] 吴晶妹：《三维信用论》，当代中国出版社2013年版，第1页。

工具的信用卡，本身只是信用经济时代孕育的众多信用产品之一。恶意透支的行为人通过信用卡对"信用"的破坏，无法对超出经济生活以外的、人与人之间相互信任的社会关系，以及所谓的"公共信用"产生造成严重后果。很难说因为行为人以不守信用、破坏信用的方式通过信用卡这一信用产品为自己谋取利益就造成了社会层面的信任和诚信度整体降低的危害后果。因此，恶意透支对"信用"的侵犯，只能局限于对经济层面上的"信用"的侵犯。

（三）"信用"之超个人法益与个人法益属性的探讨

根据前文对信用经济时代的论述，信用的经济学层面强调的是经济生活中人与人之间所建立的一种以偿还为条件的经济关系的抽象。信用这种无形的资本给社会和经济生活中的个体带来了利益，帮助实现了社会与个人的预期经济目标。而恶意透支的行为人通过不守信用、违背其与发卡银行之间的信用卡申领条约的方式，侵犯了信用卡业务原本试图通过"信用"这一以偿还为条件，无须担保、抵押的经济关系而为经济主体以及社会带来的经济效益。在明晰了恶意透支是对经济层面"信用"的破坏后，从规范层面来说，恶意透支对"信用"的破坏是对经济生活中特定经济主体利益（个人法益）的侵犯还是对国家和社会共同利益（例如信用交易秩序、信用经济秩序或信用经济本身）（超个人法益）的侵犯成为了分析恶意透支型信用卡诈骗罪保护法益无法回避的根本问题。

恶意透支型信用卡诈骗罪作为典型地发生于经济领域，作用于经济领域的经济犯罪，其保护法益的定位自然有着经济犯罪超个人法益与个人法益的理论争议延续。克劳斯·梯德曼在讨论经济犯罪对策法时主张，经济犯罪的保护法益是国家的整体经济，并认为经济犯罪是一种针对国家整体经济及其重要部门与制度而违反的可罚性的行为，[①] 因此，经济犯罪所侵犯的不是经济生活中经济主体个人的法益，而是一种超脱

---

① 林山田：《经济犯罪与经济刑法》，台北：三民书局1981年版，第12页。

于个人的，以国家整体经济秩序作为保护对象的超个人法益。而当下经济犯罪视域下超个人法益与个人法益的理论争议点主要集中在个人法益与超个人法益之间是否具有本质性差异，超个人法益是否必须能够还原为个人法益才值得刑法保护。具体而言，超个人法益理论注重对个人法益以及超个人法益的区分，坚持超个人法益是一种与个人法益平行且独立的存在。其认为经济犯罪行为并非仅针对个人利益，而是针对经济活动的社会性或超个人利益，即经济生活之超个人法益遭到侵害，或者当今经济生活之工具遭到滥用，[①] 这种观点被视为法益二元观（超个人法益与个人法益之间存在着质的差异）。[②] 也就是说，经济犯罪所保护的法益不是经济活动参与者的个人利益，经济犯罪的违法性在于其侵犯了基于团体主义立场选择之上的作为国家的整体经济秩序以及经济发展的有序进行。经济犯罪的行为人滥用了经济生活中的经济、金融工具，由此造成了对经济整体的损害和动摇，就是经济刑法发动刑罚的基础条件。而与法益二元观相对应的即是基于个人主义立场而形成的法益一元观。法益一元观认为，一切法益均为个人法益，超个人法益与个人法益之间不存在质的差异，只存在量的差异，超个人法益实则为个人法益的集合。具体而言，超个人法益需以能还原为个人法益为前提，超个人法益与个人法益之间不是平行且独立的关系，而是需要从超个人法益中推导出个人法益的存在。具体而言，作为刑法保护的法益，不能仅是观念性的事物，刑法保护的法益应以消费者的利益为中心，因为关于经济犯罪的被害，会扩展到消费者全体，每个人成为真正被害人和财产犯罪被

[①] 魏昌东：《中国经济刑法法益追问与立法选择》，《政法论坛》2016年第6期。
[②] 法益一元观、法益二元观并不是刑法教义学中特指的某种理论，而是对个人法益与超个人法益之间是否具有本质性差异相关观点的一种描述性概括。舒洪水教授等将个人法益与超个人法益之间不具有本质性差异的观点称为法益一元观；将二者之间具有本质差异的观点称之为法益二元观——参见舒洪水、张晶《法益在现代刑法中的困境与发展——以德、日刑法的立法动态为视角》，《政治与法律》2009年第7期；魏昌东教授则分别称之为"形式二元论"与"实质二元论"——参见魏昌东《中国经济刑法法益追问与立法选择》，《政法论坛》2016年第6期。

害之间并没有质的差异。① 法益一元观以法兰克福学派为代表，法益一元论并不否认超个人法益的存在，但是强调超个人法益的判断需要回归于个人法益，应以个人法益是否受到损害作为立法正当性的标准，需要推动"超个人法益"与个人法益的"可关联"以及判断标准的"实质化"。② 换言之，法益一元观的视野下，所有的超个人法益均必须以能够还原为对个人法益的侵害为限，才能受到刑法的保护。那么，对制度、秩序本身的违反不足以发动刑罚，只有确认存在于经济生活中的特定个体的利益受到了犯罪的侵犯，才是经济刑法正当化的根据。

基于此，本书认为，于经济犯罪的保护法益立场选择而言，以法益二元论作为构建经济犯罪保护法益的逻辑起点具有以下弊端。首先，法益二元观将经济制度、经济运行秩序作为经济刑法的保护法益于当下我国经济发展背景不符，在当下我国经济发展不断强调"效益"与"效率"的前提下，教条地强调对"秩序"保护的追求，不但不能维护经济高效、高质量的发展，反而会限制经济自由与经济创新，使以保护秩序为基础的经济刑法沦为经济发展的绊脚石。其次，刑法教义学作为法律和司法实践的桥梁，通过对现行法律进行解释，以便于法院适当地、翻新地适用刑法，从而达到在很大程度上实现法安全和法公正。③ 因而，法教义学应是司法活动的有效工具，法教义学理论选择的根本目的在于通过对法律的解释为司法实践中出现的问题提供具有强大解释力的解决方案。但是，法益二元观的内容过于抽象，司法实践中难以掌握具体经济犯罪对经济秩序、经济发展有序或对金融工具的破坏程度。以恶意透支型信用卡诈骗罪为例，其司法实践一般表现为行为人带有非法目的的超过规定期限使用信用卡，经催收后不还，数额较大。在案件中，

---

① ［日］林幹人：《现代经济犯罪——法的规则研究》，弘文堂1989年版，转引自魏昌东《中国经济刑法法益追问与立法选择》，《政法论坛》2016年第6期。

② 涂龙科、李萌：《左支右绌、捉襟见肘的经济刑法法益》，《经济刑法》2018年第1期。

③ 参见［德］汉斯·海因里希·耶赛克、托马斯·魏根特《德国刑法教科书》，徐久生译，中国法制出版社2001年版，第53页。

行为人给发卡银行造成的财产损失是具体的，但是恶意透支的行为对经济秩序、经济有序发展以及金融工具的侵犯程度确是抽象的、无法通过具体事实感知、判定的。具体而言，行为人究竟要超过期限多久不还款才能给经济秩序造成侵害？是否行为人逾期时间越久，给经济秩序造成的损害就越大？这些都是法益二元关系无法回答的问题。最后，法益二元论对经济交易主体利益这一实质化判定依据的忽视必然会带来经济犯罪规制范围过广、刑事司法适用扩张的后果。作为刑法的保护对象，如果仅是经济秩序、经济制度等观念性的事物，那么在对构成要件解释时就会失去实质化的解释依据。在经济生活中，发生的任何纠纷、违规行为的本质都可以说是对经济秩序本身的一种破坏，那么民事纠纷与刑事案件、行政处罚和刑罚的界限将变得模糊。

据此，本书认为，恶意透支行为对"信用"破坏的解读应建立在法益一元论的基础之上。在对恶意透支保护法益的定位过程中，要从恶意透支对经济生活中特定经济主体基于自身信用，凭借信用交易而获得或享有的个人利益的破坏这一维度予以考量，不应将国家的信用经济整体或以信用经济的发展秩序作为恶意透支型信用卡诈骗罪保护法益内容予以理解。

（四）恶意透支保护法益之信用利益的确认

李斯特认为，所谓法益即是由法律所保护的利益。法益就是合法的利益，所有的法益，无论是个人的利益，还是集体的利益，都是生活利益，这些利益的存在并非法制的产物，而是社会本身的产物。法制将生活利益上升为法益，使生活关系变为法律关系。[1] 李斯特的观点初步建立了法益的内容是一种利益而非状态的以利益为核心的法益概念，这种利益说的法益论是第一个赋予法益理论以实际意义的学说，企图从封闭的法学世界以外来寻找犯罪的实质内涵。[2] 法益必须与利益相关联，利

---

[1] 李斯特：《德国刑法教科书》，徐久生译，法律出版社2006年版，第6页。
[2] 参见马春晓《法益理论的流变与脉络》，《中德法学论坛》2017年第2期。

益是能够满足人们需要的东西,所有的法律,都是为社会上某种利益而生的,离开利益,就不存在法的观念。说法是利益的规律,和说法是正义的规律,不相抵触。利益是法所规律的目的,而正义则是法所规律的最高标准。①对法益的定位与辨析都需要建立在能够满足人们一定需要的利益之上。那么于恶意透支型信用卡诈骗罪而言,通过信用卡这一信用工具媒介,可以给经济生活中的各主体带来什么样的利益,而恶意透支又是怎样损害了这种利益则需要进一步的探讨。

1. 信用利益的基础概念

恶意透支的发生离不开信用卡这一犯罪工具,那么对恶意透支保护法益的定位与解释自然也不能避开对信用卡业务的分析。信用卡业务是信用时代下孕育的信用产品之一,作为一种信贷产品,信用卡有着无抵押、凭借信用主体自身信用的等级进行"先付款、后消费"的特性。信用卡是信贷交易与信用支付的重要载体之一,脱离信贷,脱离信用交易,信用卡本身仅是一张电子卡片,没有任何实质价值,也不值得被刑法所保护。是通过信用卡而达成的信用交易及其信用交易所带来的经济利益,才使信用卡交易成为了值得被刑法保护的对象。那么,通过信用这一媒介,信用交易这一手段,会为社会和个人带来怎么样的利益?信用交易归根到底是信用主体为了追逐经济利益而进行的一种交易行为,信用主体期待通过信用交易活动而实现自己的经济利益,其中,信用主体包括个人与组织(例如金融机构、企业单位等)。从恶意透支型信用卡诈骗罪的语境中可以得出,在恶意透支的行为之下,存在着持卡人与发卡银行两个信用交易参与主体。发卡银行与持卡人这两方信用主体于信用交易中,通过信用这一资本,信用卡这一媒介来获取一定的利益是交易双方都享有的权利,更是信用主体发放信用卡、使用信用卡的根本目的所在。在信用卡业务的框架内,首先于发卡银行而言,其可以通过

---

① [日]美浓部达吉:《法之本质》,林纪东译,台北:商务印书馆1993年版;第43页。转引自张明楷《刑法学》(第五版),法律出版社2016年版,第62页。

对客户资信的审核，对客户予以授信，以循环式、无抵押、无担保的方式，根据客户的信用程度不同，赋予客户不同的信用额度并从中实现盈利。因此，对发卡银行来说，其是信用的需求者，是投放信用产品的授信人，发卡银行需要信用主体（信用卡申请人）的信用，把自己的信用产品供给合格的信用主体。而信用卡业务的本质就是发卡银行把信用产品供给合格的信用主体（持卡人），目的是达成信用交易，并获取相应的信用收益，[1] 这是信用经济赋予发卡银行的时代红利，即发卡银行可以通过信用交易的方式赚取相应的收益。而对于持卡人来说，信用卡对其提供了信贷支持，其通过没有任何抵押或担保的方式，仅凭借自身累积的信用就可以获得信用额度并予以使用。因此，持卡人是信用的供给者，以自身的信用为条件，换取相应的信用产品和服务，通过信用产品的使用而获得其自身所需的信用收益。[2] 也就是说，信用卡业务体系建立的作用与目的在于通过信用这一新兴资本，使信用卡业务中的参与主体——发卡银行以及持卡人都能通过信用卡这一信用产品，实现各自的利益。这种信用主体都能通过信用卡信用交易而实现的经济利益，就是恶意透支型信用卡诈骗罪的保护法益之一——信用利益，亦是国家发展信用经济的根本所在。

2. 信用利益的特征

信用利益于刑法理论而言是一个"新概念"，于本章第一节对恶意透支型信用卡诈骗罪保护法益观点评析部分中可以发现，虽然有一部分学者认为恶意透支本质是对信用的侵害，但学术界还未对信用法益达成一种普遍接受的"通说"，恶意透支对信用侵害的论证也不够详尽。因此，在明确了信用利益的基本概念之后，还需要对信用利益的特点予以强调，以进一步说明信用利益的本质，使信用利益的轮廓更加明朗、内涵更加充实。于信用利益之下，主要有以下四个特征需要予以强调。

---

[1] 吴晶妹：《三维信用论》，当代中国出版社2013年版，第67页。
[2] 吴晶妹：《三维信用论》，当代中国出版社2013年版，第71页。

第二章　恶意透支型信用卡诈骗罪保护法益的定位　75

第一，就信用利益的性质而言，信用利益不是财产或财产性利益的一种。对发卡银行而言，信用利益的本质是发卡银行通过开展信用卡业务、发展信用产品而期待从中获取的经济收益。这种信用利益是发卡银行期待能够实现的，与既存利益方向相反的一种将来预期利益。在这个层面上来说，信用利益不是财产或财产性利益的一种。通常来讲，具有转移可能性是财产或财产性利益的基本属性，如果不具有转移可能性，则不能认为是财产或财产性利益。① 而在恶意透支型信用卡诈骗罪的语境下，信用利益在行为人实施行为之时并没有由发卡银行所占有。因为信用利益是信用主体通过信用交易行为期待实现的一定的经济利益，从发卡银行的角度来说，在行为人实施恶意透支行为之时，发卡银行并未实际占有其试图从此次信用交易中实现的经济效益，更无从谈起行为人对信用利益占有的"转移"了。此外，要求具有一定的价值性是财产或财产性利益的必备特征之一，而对于价值性这一属性来说，理论界对于财物的价值存在较大争议，② 本书试图从更为实际的、更本土化的角度出发，亦即，在我国定性又定量的立法模式下，无论持何种观点，在司法实践中，认定财产犯罪中犯罪对象的价值性，就必定涉及对该犯罪对象具体数额的计算。那么，信用利益是否可以通过一定的换算途径和交易机制转换为具体的犯罪数额？本书认为，信用利益作为一种信用主体期待通过信用交易实现的经济利益，这种经济收益只能体现为总体上呈现增加还是减少的趋势，无法被计算为具体的数额。具体而言，恶意透支的案件一般表现为行为人恶意透支本金超过规定期限，给发卡银行造成了财产损失，并拖欠了发卡银行相应的利息、复利、滞纳金、手续费等相关费用。根据这些条件，无法计算出在该笔信用交易中行为人使发卡银行期待从中获取的信用利益具体损失了多少。只能判断出在该笔行为人与发卡银行的信用交易中，由于行为人不归还本金，造成发卡银

---

① 参见张明楷《刑法学》（第五版），法律出版社 2016 年版，第 932 页。
② 例如财物是否一定为经济价值，亦即，金钱的交换价值，还是只要有值得保护的使用价值即可。参见李强《财产犯中财产性利益的界定》，《法学》2017 年第 12 期。

行财产损失，使发卡银行开展信用卡业务的资金成本增加，发卡银行通过信用交易获取的经济收益总体上减少。因为，信用利益不具备财产或财产性利益的基本属性，本质上不属于财产或财产性利益的一种。也就是说，具体到实践发生的恶意透支案件中，发卡银行信用利益的损失并不是行为人没有缴纳的利息、复利、滞纳金、手续费等发卡银行收取的费用，也不是行为人没有归还的本金本身，因为在发卡银行与行为人进行具体的信用交易时，发卡银行无法判断行为人此笔消费究竟会给银行带来多少预期收益。因此，信用利益被侵犯表现为一段时间内，发卡银行信用卡业务收益的整体减少，而这种收益的减少，主要是通过成本的增加来显现的。易言之，发卡银行发展信用卡业务等信用产品的根本目的在于通过信用卡等信用产品、通过信用需求的方式获取相应的经济利益。但是，由于行为人恶意透支造成了发卡银行财产损失（透支本金）的后果，使发卡银行开展信用卡业务的总体成本升高，造成了发卡银行开展信用业务收益的减少的结果。

第二，信用利益存在的基础前提是信用交易，这主要包括两方面内容，其一是信用交易是信用利益产生的唯一途径；其二是信用交易的内容以及信用利益的涵摄范围。其中，信用交易是信用利益产生的唯一途径比较好理解，是指只有借由双方基于对对方"信用"评价、信任的基础上完成的经济活动才能实现各自的信用利益，没有信用交易，也就没有信用利益。要详细进一步予以说明的是信用交易的范围。一般来说，从银行的维度出发理解银行开展的信用活动主要包括信用卡业务和贷款业务，统称为信贷。以信用卡（在此仅指贷记卡，不包括准贷记卡）为代表的信用产品或信用支付工具的最大特点莫过于其不需要任何抵押或担保，只凭对持卡人信用等级的评价，就可使持卡人"先消费、后付款"的基本特征。这一特征使信用卡交易与银行贷款有了本质上的区别，亦即，与银行贷款相比，信用卡是更为"纯粹"的一种信用产品，单一凭借持卡人自身信用即可达成信用交易，持卡人通过使用信用卡而获取的相应产品无须抵押给发卡银行以保证其未来会归还欠款，减少发卡银行的损失。进一步来说，在经济生活中，常见的银行贷款产品主要有房屋贷款、汽车贷款以及个人经营贷款，在经济主体申请上述贷款产品时，虽然一定会涉及发卡银行对经济主体信用情况进行评价，并基于信用评价做出是否发放贷款的决定。但是，申请人的信用情况不是发卡银行做出贷款决定的唯一影响因素，发卡银行对经济主体信用的评价以及信任是附条件的，申请人之所以能获批贷款，不仅是因为其信用通过了审核，更是申请人向银行提供了能够被认可的担保，通常为房产抵押或汽车抵押，以此增加申请人贷款获批的"砝码"。相比之下，在信用卡业务中，发卡银行对申请人信用情况进行评估并予以授信是信用卡业务的唯一前提，这决定了信用卡业务有着无抵押、无担保的特性。发卡银行将自己的资金以消费贷款的方式提供给无须提供个人财产予以抵押或者担保的持卡人使用。通过信用卡业务与贷款业务的对比，可以发现信用卡业务是更为"纯粹"的一种信用交易，持卡人通过发卡银行的信用审核是发卡银行以及持卡人借由信用卡业务实现自身信用利益的唯一条件。也就是说，本书所谈论的信用利益产生的条件——信用交易的范围要比经济学意义上的信用交易范围更窄，仅局限于发卡银行以无抵押、无担保的方式授信，只关注信用主体信用评价的信用卡交易活动。相对地，信用利益的涵摄范围也变得更小，只有发卡银行单纯凭借信用主体自身信用情况开展的信用卡业务中，发卡银行期待从中实现的经济利益，才是恶意透支型信用卡诈骗罪所保护的信用利益。这是因为与银行的贷款产品相比，信用卡业务中"信用"的特征更为突出、明显，信用卡业务对于"信用"评价的真实性与可靠性的依赖程度也更高。这就导致了通过信用卡业务而达成的信用交易的违约成本更低，发卡银行却只能通过对信用主体信用评价的真实性，以及日常风险管控中不断确定信用主体信用的变化情况来实现和保护自己的信用利益。因此更需要刑法对这种信用利益予以保障。而这也是立法者没有以信贷这一大类别对银行的信用业务做统一的规定，而是在贷款诈骗罪之外另设立信用卡诈骗罪的原因之一。亦即，对于银行的贷款业务来说，银行可以通过对贷款人的担保物、抵押物的处理来一定程度地保障自身利益的实现，减少损失，相比之下，贷款诈骗罪的"信用"属性不突出。于贷款诈骗罪来说，立法者更多的是将其作为一种社会间接融资的主要工具而不是信用消费、信用支付工具看待，由此对贷款诈骗罪与信用卡诈骗罪做出分别规定。

第三，就信用利益的主体而言，信用利益的主体呈现多元化的特点，信用利益是所有经济活动中的信用主体都可平等享有的一种利益，并非只是针对发卡银行等金融机构才可享有的利益。于信用卡业务中，发卡银行可以通过对持卡人的授信，为持卡人提供信用产品，就可以实现一定的经济收益，这种经济收益的组成部分包括信用卡年费、利息收入、特约商户的佣金、广告收入以及信用卡商城收入。而对一般持卡人来说，持卡人可以只凭借自身信用的评价，提前享受自身需要的东西，满足个人消费需求。但是，在恶意透支型信用卡诈骗罪中，信用利益是多方信用主体都可平等享有的，而利益这一明显特征却最容易被忽略。这是因为在恶意透支案件中，发卡银行作为典型的被害人，其信用利益被侵害的具体过程表现得较为明显，也更容易被发现。易言之，行为人带有非法占有目的地超过规定期限使用信用卡，不予归还其透支消费的本金，造成了发卡银行的资金的损失。致使发卡银行开展信用卡业务的成本增加，从而侵害了发卡银行的信用利益。恶意透支行为人通过不守信用的方式为自己谋取利益从而给发卡银行造成财产损失以及使发卡银行的信用利益受到损失，这于经济学中也能得到很好的解释与说明。于经济学理论中理解恶意透支，即是基于信用卡跨期交易、交易完成时间幅度较长的前提下，行为人采取机会主义行为，使用不光明的手段以期在通过他人利益受损的情况下使自身能够获取一定的利益。具体而言，恶意透支的行为人采用了通过欺骗、隐瞒等一些带有明显欺骗性的方式进行不完全或者是歪曲的信息揭示，[1] 以损害发卡银行财产和信用利益

---

[1] Willamson, O., *The Economic Institute of Capitalism*, New York: Free Press, 1985, p. 21.

的前提下，追求自身利益的行为。那么，由于信用利益主体的多元性，一般持卡人也是信用利益的享有者，行为人恶意透支的行为是否会给一般持卡人的信用利益也造成损害？本书认为，行为人恶意透支的行为在给发卡银行造成信用利益受损的同时，也会给一般持卡人的信用利益造成轻微的、间接的损失。

从经济学的角度而言，一个完整的信用交易活动必然包括两个重要环节，即交易前的承诺与交易后的履约，本质上这属于信用制度安排下的一种契约行为。只有当交易活动完成并经过约定的时间间隔后，才能了解履约的程度以及最终信用利益实现的结果。因此，交易前的承诺内容也是影响信用交易主体信用利益是否得以实现以及实现程度的重要考量因素。而在一般持卡人使用信用卡进行透支的行为中，交易前的承诺除了有按时偿还账单之外，更重要的是持卡人与发卡银行就利率、违约金以及复利的约定。因此，假设持卡人甲同时持有 A 与 B 两家发卡银行的信用卡，其中 A 发卡银行的信用卡利率、违约金以及复利要高于 B 发卡银行，则持卡人甲在分别使用 A 与 B 两家银行信用卡购买两批价格相同的物品，例如，建筑材料的情况下所支付的成本是不同的，使用 B 银行的信用卡可以帮助其实现更高的信用利益。易言之，信用卡定价的不同将影响一般持卡人（这里主要指风险较低的理性消费者）信用利益的实现程度。而根据中国人民银行于 2020 年 12 月颁布的《中国人民银行关于推进信用卡透支利率市场化改革的通知》，为了顺应利率市场化改革的步伐，自 2021 年 1 月 1 日起，取消国家对信用卡透支利率上限与下限统一管制，发卡银行可与持卡人自主协商信用卡透支利率。[1]

---

[1] 《中国人民银行关于推进信用卡透支利率市场化改革的通知》规定："为深入推进利率市场化改革，自 2021 年 1 月 1 日起，信用卡透支利率由发卡机构与持卡人自主协商确定，取消信用卡透支利率上限和下限管理。发卡机构应通过本机构官方网站等渠道充分披露信用卡透支利率并及时更新，应在信用卡协议中以显著方式提示信用卡透支利率和计息方式，确保持卡人充分知悉并确认接受。"参见中国人民银行网，http://www.pbc.gov.cn/zhengwugongkai/4081330/4081344/4081395/4081686/4159909/index.html，访问日期：2021 年 4 月 18 日。

这也就意味着国家放松了对信用卡利率的管制，各发卡银行可以根据市场竞争和各银行的自身情况自行决定信用卡定价。透支利率市场化定价后，根据政策的落实情况来看，目前透支利率尚未出现"断崖式"超低定价标准。[①] 究其原因，除了发卡银行需考虑资金成本以外，在金融市场，尤其是信用卡业务中广泛存在的搜索成本引起的逆向选择以及消费者非理性亦是影响信用卡定价居高不下的主要因素。根据搜索成本引起的逆向选择理论，与高风险的客户相比，低风险的客户更不愿意寻找利率更低的信用卡产品，其对利率的变动并不敏感，因为他们认为自己不会长期大规模地借贷。而高风险的客户会主动寻找低利率的信用卡产品，因为他们极有可能未来过度透支。因此，即使在利率市场化的背景下各发卡银行为了避免吸引这类高风险客户而仍然不愿意单方面降低利率。[②] 而根据消费者理性与非理性行为理论，发卡银行之所以不愿意在利率层面进行竞争，是因为通过降低利率所吸引的客户一般是自身信用状况不佳，但缺少其他成本更低的借款渠道。这类客户对于发卡银行来说往往是高风险的，同时，他们对利率的变化十分敏感，也更有可能对不同的信用卡利率进行比较。由上述两种有关信用卡利率黏性的相关理论可以看出，高风险的客户是发卡银行不愿意降低利率的主要原因。按照风险定价策略，客户的风险特征是决定信用卡定价水平最核心、最重要的决策因素。[③] 具体在恶意透支型信用卡诈骗罪中，从财产犯罪的面向来说，行为人恶意透支的行为不仅造成了发卡银行资金的损失；而从金融犯罪的面向来说，更使得银行的信用卡业务风险指标上升，提高了发卡银行的坏账率与信用卡业务的成本，这也就是导致银行上调信用卡利率（或在利率市场化背景下发卡仍然不愿意降低信用卡定价）的主要原因之一。受恶意透支行为人的影响，信誉良好的、按时履约持卡人

[①] 陈启：《透支利率放开对银行信用卡业务的影响》，《财会信报》2021年第4期。
[②] 参见沈红波、曹军《信用卡风险和消费者行为研究》，复旦大学出版社2019年版，第20—22页。
[③] 郝士鹏：《新规助力信用卡利率市场化全面提速》，《中国信用卡》2016年第5期。

也要被迫承担由恶意透支行为而产生的高信用卡定价后果。而这一经济学上的因果关系具体到恶意透支行为与普通持卡人信用利益受损的后果之中表现为恶意透支型信用卡诈骗罪的行为人每进行一次数额较大标准以上的恶意透支行为，就会使该发卡银行的追回欠款的可能性降低，发卡银行遭受财产损失，信用卡业务的风险性增加，银行的信贷资源损失。而发卡银行为了维护其自身信用卡业务的盈利，就需要根据该银行整体的风险水平对利率进行调整。而这个过程对于一般的低风险（履约能力好）持卡人来说，其被迫承受了银行因恶意透支行为增加而上调的信用卡定价，在信用卡交易环节的事前承诺成本增高，在事后履约不变的情况下，势必会影响其最终信用利益实现。因此，当下发卡银行尚未完成根据客户个人风险信息对不同客户进行分类，提供不同的信用卡持卡人的信用卡定价个人定制的背景之下，恶意透支的行为会导致履约能力好的一般持卡人的信用利益受损，无法享受深化金融市场改革的制度红利。但是，恶意透支的行为人所造成的对一般持卡人的信用利益的侵犯是间接的、轻微的，于恶意透支的语境下，行为人对一般持卡人信用利益的侵犯是可以被忽视的。而在信用卡诈骗罪的其他三种类型的语境下，行为人对一般持卡人信用利益侵犯体现得更加明显、直接，例如根据中信银行的信用卡申领条约，持卡人未妥善保存信用卡信息和身份信息导致信用卡被冒用、盗刷的，应由持卡人自身负责。也就是说，在信用卡诈骗罪的其他三种类型中，由于行为人的冒用、伪造，会使被冒名的一般持卡人承担相关后果，直接侵犯一般持卡人通过使用信用卡而期待获得的经济利益。

综上所述，恶意透支型信用卡诈骗罪的另一保护法益为信用利益。而刑法之所以对信用利益予以保护，根本目的在于保护经济活动中的经济主体可以借由信用产品而获取相应的利益。经济学的研究证明，信用卡与中国经济增长存在总量上的正向相关关系，发卡银行信用卡消费金额的增加与中国 GDP 的增幅也呈现正比关系。[①] 也就是说，只有对信用

---

① 夏元琦、年志远：《中国银行业信用卡制度优化研究》，中国社会科学出版社 2020 年版，第 11 页。

利益进行保护，才能发挥以信用卡为主的信用支付产品对居民消费的促进作用，进而推动全社会的经济增长。党的十六大把"健全现代市场经济的社会信用体系"作为重要的经济发展战略；党的十七大明确了"健全社会信用体系"；我国的国民经济和社会发展第十二个五年规划纲要中明确提出要加快社会信用体系建设。这表明政府正在积极、科学地主导社会信用体系建设，其根本目的即是谋求信用利益的最大化而带动信用经济的高速、高质量发展。因此，从根本上来说，刑法是作为约束、规范经济行为主体之间进行信用交易活动时的行为规则予以存在的。作为信用制度的构成之一，刑法通过建立规则、制度供给的方式，对信用主体信用交易活动起到一定的限制或激励的作用，促使交易双方产生履约收益会大于违约收益的预期，从而保障交易的顺利完成和各自信用利益的实现。①

二 财产法益的确认

在明晰了恶意透支型信用卡诈骗罪的第一重法益是信用利益之后，接下来则需要联系刑法教义学以及信用卡业务运作的基本原理对恶意透支型信用卡诈骗罪的罪刑规范以及联系恶意透支与信用卡诈骗的其他三种行为类型之间的关系进行研究。具体而言，若认为恶意透支与信用卡诈骗罪的其他三种行为类型具有本质上的区分，则恶意透支不具有诈骗性质，恶意透支的侵财性质就会被淡化甚或抹杀。相应地，其破坏发卡银行与持卡人之间"信赖关系"的对信用利益的侵犯就会被强化，这也是影响对恶意透支型信用卡诈骗罪保护法益理解出现差异的根本原因。因此，本节从恶意透支与信用卡诈骗罪的其他三种类型的对比出发，对恶意透支中的欺骗行为进行厘清，明确恶意透支与信用卡诈骗罪的其他三种行为类型具有相同的诈骗性质，由此确立恶意透支型信用卡诈骗罪的另一保护法益为财产法益。

---

① 参见刑永俐《信用利益论》，博士学位论文，复旦大学，2013年。

(一) 恶意透支于其他三种类型信用卡诈骗之"异"

根据《刑法》第一百九十六条的规定，信用卡诈骗罪主要有以下四种形式：使用伪造的信用卡，或者使用以虚假的身份证明骗领的信用卡的；使用作废的信用卡的；冒用他人信用卡的；恶意透支的。首先，单纯从法条本身出发，恶意透支的确有着与其他三种类型截然不同之处。恶意透支与其他三种类型的首要区分即是主体身份的不同。在其他三种类型中，行为主体均为没有经过发卡银行资质审核，是不具有持卡资质的非法持卡人。而恶意透支的主体则是经过发卡银行资质审核的、具有持卡资质的合法持卡人。其次，信用卡诈骗罪的其他三种行为类型的行为人实施透支行为之前，都需要实施一定的违法行为才能够使用信用卡进行透支消费。具体而言，行为人需要通过伪造、冒用、骗领等方式得到不属于自己名义下的信用卡后，才可以透支使用信用卡。而恶意透支的行为人所使用的是其通过合法手段从发卡银行处获取的自己名下的信用卡。而以上这些具体的区别也是一些学者主张应该对恶意透支单独立罪的原因之一。

那么，恶意透支体现出的滥用基于信用卡交易规则而产生的信任关系进而侵害发卡银行财产的特质可否足够使其独立出来，作为背信罪予以认定呢？本书认为是不能的。根据大陆法系国家刑法的规定，背信罪是指为他人处理事务的人，为谋求自己或第三者的利益，或以损害委托人的利益为目的，而违背其任务，致使委托人的财产受到损失的行为。背信罪的基本构造表现为：为他人处理事务的人—实施违背任务的行为—以图利或加害为目的—造成委托人财产上的损害。[1]在我国，典型的背信罪有背信损害上市公司利益罪与背信运用受托财产罪，而在这两项罪名的构成要件中，最值得注意的莫过于对罪名的主体要求。背信损害上市公司利益罪与背信运用受托财产罪的犯罪主体均是

---

[1] 张明楷：《关于增设背信罪的探讨》，《中国法学》1997年第1期。

特殊主体,① 也就是说,背信损害上市公司利益罪与背信运用受托财产罪的主体都是为被害人处理财产事务的人或单位,被害人将自身财产委托或交由行为人管理、经营或代理,而行为人为了谋取自己的私利违背了管理被害人财产的义务或信任关系。具体到信用卡交易当中,持卡人是银行的客户,只有发卡银行对持卡人进行授信,持卡人才得以使用信用卡进行透支消费,在持卡人使用信用卡的过程中,发卡银行还需为持卡人提供一系列的信用卡服务。在这样的关系当中,恶意透支行为人的法律身份并不是发卡银行财产事务的管理者或委托人,发卡银行对行为人的授信的本质也并不是一种委托或代理。因而,无法得出恶意透支行为人在对发卡银行财产管理、经营的性质或程度上与背信损害上市公司利益罪和背信运用受托财产罪的犯罪主体相当的结论,恶意透支的行为人不满足背信罪的特殊主体要求。此外,若认为恶意透支型信用卡诈骗罪中的行为人对发卡银行的财产有管理义务,满足背信罪的主体要求,那么特约商户也与发卡银行之间也存在特殊的担保关系,由于特约商户为了自身利益而未能严格审核持卡人的透支行为,也违背了发卡银行与其之间的信赖关系,也应当受到背信罪的处罚,则不当扩大了恶意透支型信用卡诈骗罪的处罚范围。

(二) 恶意透支与其他三种类型信用卡诈骗之"同"

恶意透支与信用卡诈骗罪的其他三种行为类型最明显也是最容易被忽视的共同点之一在于这四种信用卡诈骗类型均是通过信用卡这一媒介才得以发生。无论是使用伪造的信用卡、以虚假身份骗领的信用卡、作废的信用卡、冒用他人的信用卡还是自己名下的合法信用卡,都是要通过 POS 机、ATM 机或网络支付系统识别出该卡片为有效卡之后才能实现消费或取现等行为。也就是说,对信用卡诈骗罪的解释都要围绕着信用卡的运作机制与原理进行展开。

---

① 其中背信损害上市公司利益罪的犯罪主体是上市公司的董事、监事和高级管理人员、上市公司的控股股东或者实际控制人;背信运用受托财产罪的犯罪主体为商业银行、证券交易所、期货交易所、证券公司、期货经纪公司、保险公司或者其他金融机构。

而恶意透支与信用卡诈骗罪的其他三种行为类型的共同点之二在于这四种信用卡诈骗罪行为类型都是作为一种特殊的诈骗类型而存在的。在当下信用卡诈骗罪的学术研究成果中，认为恶意透支与其他三种类型存在着明显的不同是其中的主流观点。其主要观点是，基于诈骗罪的"行为人实施欺骗行为—对方陷入或维持认识错误—对方基于认识错误处分财产—行为人取得财产—被害人遭受财产损失"的基本构造，其他三种"假人"或"假卡"基础上的信用卡诈骗类型都具有明显的诈骗特征，而恶意透支与却与诈骗罪有着结构性差别。具体而言，在行为人使用虚假身份骗领的、作废的信用卡或冒用他人信用卡时，特约商户或发卡银行误以为行为人使用的信用卡是经过发卡银行资质审批的、有效的，因此做出了相应的财产处分，造成了发卡银行的财产损失。而在恶意透支的行为人持信用卡于特约商户或ATM机处恶意透支时，由于其使用的是真实有效的，经过发卡银行资信审核的真实信用卡，此时特约商户或发卡银行没有陷入认识错误，因此恶意透支没有典型的诈骗罪特质。也就是说，与信用卡诈骗罪的其他三种行为类型相比，恶意透支没有相应的虚构事实、隐瞒真相的情节，也很难认定发卡银行或特约商户陷入了认识错误，因此不能认为恶意透支具有诈骗特征。而本书认为，恶意透支是一种特殊的诈骗类型，与其他三种信用卡诈骗类型没有本质区别，恶意透支存在着明显的欺骗行为与被害人陷入认识错误的环节，符合诈骗罪的基本构造。

在对当下有关信用卡诈骗罪研究的学术成果进行分析抽象后可以发现，以恶意透支所涉及的各方主体作为切入点是当下普遍采用的研究视角。具体而言，学者们把恶意透支分为行为人于特约商户处透支消费型和行为人于ATM机取款型两种主要类型。行为人于特约商户处透支消费型涉及了行为人、特约商户与发卡银行三方主体；而行为人于ATM机取款仅涉及行为人与发卡银行两方主体。其中，对行为人于特约商户处透支消费的认定争议最大，因此，本书以"行为人于特约商户处透支消费"为研究切入点，通过对这一类型的分析来论证恶意透支的诈骗性质。

一般来说，利用已作废的或伪造的自己名义下的信用卡，到加盟店"购物"，骗取数额较大的财物，其行为的诈骗犯罪性质并不难认定。[①]这是因为在此时行为人使用的是"假卡"，却使店员以为这是"真卡"，进而陷入认识错误，做出了错误的财产处分。但理论上对通过特约商户的恶意透支是否构成欺骗行为有着两种不同学说，以下简称为"肯定说"与"否定说"。

"肯定说"的观点认为，恶意透支行为人持卡于特约商户处消费购物符合三角诈骗的基本原理，在这个场景中，持卡人是否具有支付货款的意思，持卡人持卡透支消费后是否会支付货款是信用卡交易场景中最为关键的信息。如果持卡人不打算支付货款的意思于其使用信用卡之时就表达出来了，则信用交易不可能完成，这也是认定诈骗罪的基础。具体而言，发卡银行与持卡人之间的信用卡申领协议、发卡银行与特约商户之间的特约商户受理协议，以及持卡人与特约商户之间的独立的商品买卖是通过信用卡完成信用交易的基础。根据信用卡交易的基础，持卡人不具有支付货款的意思，就不可能从特约商户处得到商品。[②] 由于信用卡的跨期交易的特性，持卡人是否具有支付货款的意思亦是特约商户关心的重要信息。基于特约商户与发卡银行之间的特殊法律关系，特约商户在持卡人持卡透支时，就需要对持卡人所持信用卡进行查验，审核持卡人是否真的具有支付意思是特约商户的义务。否则因错误受理而导致发卡银行遭受损失时，特约商户就必须对发卡银行承担违约责任。[③] 因而，当恶意透支的行为人隐瞒了自己不支付货款的意图，使特约商户处分了发卡银行的财产时，就应当认定持卡人的行为是一种欺骗行为，使特约商户的店员陷入了认识错误。

"否定说"的观点认为，在信用卡法律关系中，发卡银行与特约商

[①] 刘明祥：《论信用卡诈骗罪》，《法律科学》2001年第2期。
[②] 参见张明楷《诈骗罪与金融诈骗罪研究》，清华大学出版社2006年版，第688页。
[③] 施天涛：《商法学》，法律出版社2004年版，第529页。

户之间存在着一种特殊的付款担保关系。在信用卡交易的过程中，为了避免特约商户在给付标的物时尚未能接受价金之清偿的风险，造成对特约商户的不公平，发卡银行便向特约商户承担了特殊的付款担保责任。具体表现为，特约商户仅凭与客户的签账单就能够得到发卡银行的付款。① 因此，对特约商户而言，其没有审查持卡人信用额度和经济状况的义务或必要。基于发卡银行与特约商户之间的特殊付款担保的法律关系，现实生活中，当恶意透支行为人持卡于特约商户处消费时，特约商户并不会对持卡人的还款能力与还款意愿做实际考察，大多情况下只会象征性地核对持卡人的卡片信息与持卡人签名是否一致、信用卡的有效期等基本信息。因此，刷卡支付的过程中，持卡人并不存在对于签约商户行骗的意思表示，而签约商户也不会被骗。②

从上述"肯定说"与"否定说"的观点争论中可以捕捉到以下的重点信息：第一，在恶意透支的行为人持信用卡于特约商户处透支消费时，无论"肯定说"还是"否定说"的观点都认为此场景中只存在行为人与特约商户之间的互动，发卡银行于此场景中只是财产损失的一方。因此，若要认定此场景中行为人存在欺骗行为，受骗人陷入了认识错误，但损失的是发卡银行的财产，则要借助于三角诈骗的构造才得以成立。第二，行为人是否实施欺骗行为的关键并不是行为人自身的行为样态，而是特约商户是否具有审查持卡人信用额度和经济状况的义务。具体而言，如果认为特约商户具有查持卡人信用额度和经济状况的义务，则行为人隐瞒自身真实情况持卡消费的行为就构成欺骗行为，特约商户也因为行为人隐瞒自己真实的信用额度和经济状况而陷入认识错误。反之，如果认为特约商户不具有查持卡人信用额度和经济状况的义务，则行为人持卡消费的行为隐瞒自己真实经济情况的行为即不构成欺骗行为，特约商户也没有陷入认识错误。

---

① 张德芬：《论信用卡法律关系的独立性和牵连性》，《河北法学》2005 年第 4 期。
② 王华伟：《恶意透支的法理考察与司法适用》，《法学》2015 年第 8 期。

在本书看来，这种基于三角诈骗而认定恶意透支行为人存在欺骗行为的观点似乎有些"舍近求远"。首先，在恶意透支行为人持卡于特约商户处购物的情形中，从表面来看，的确不存在行为人对发卡银行的欺骗行为，以及发卡银行陷入认识错误从而处分财产这两个构成诈骗罪的重要环节，因此学者们试图通过三角诈骗的成立来论证行为人存在着欺骗特约商户的行为，且特约商户陷入了认识错误并由此处分了发卡银行的财产。但是，通过上节的论述，对信用卡诈骗罪的理解与解释要以信用卡的运作为核心。因此，从信用卡交易的本质以及信用卡申领条约来看，无论行为人持卡在何处消费，在通过信用卡进行消费的场合中，行为人和发卡银行始终处于互动关系之中，只有发卡银行授信准许的情况下，行为人才能使用信用卡进行透支，无须借由特约商户的存在而肯定发卡银行与持卡人之间的互动联系。其次，有关特约商户是否负有审核持卡人信用额度和经济状况的义务问题的理解。需要首先强调的是并不是刑法研究者们认为因为特约商户与发卡银行之间存在特殊付款担保关系，所以特约商户具有审核义务即代表特约商户确实存在着对持卡人信用额度和经济状况的审核义务。对特约商户是否负有义务的考察需要从发卡银行与特约商户关系的本源出发，即商业银行与特约商户签订的受理合约中寻找义务来源根据，否则就是不当扩大义务来源，为了将恶意透支的行为归罪而使特约商户背上沉重的负担。根据银联商务官网登载的特约商户受理银行卡协议书，① 可以发现特约商户的确存在着一定的审核义务，但仅局限于对持卡人签名是否与所使用银行卡姓名相同，亦即审核持卡人是否为"真人"的义务。协议书中不存在特约商户审核持卡人信用额度和经济状况的义务要求。② 此外，要求特约商户对持卡人的信用额度和经济状况进行审核本就不现实，在当下对个人信息与隐

---

① 参见银联商务网，https：//www.chinaums.com/chinaums/xwzx/gsgs/201801/t20180126_25745.shtml，访问日期：2021 年 4 月 17 日。

② 此外，根据特约商户受理银行卡协议书，由于特约商户没有对持卡人签名进行审核的，由此造成的相关损失和风险责任由特约商户承担。亦即，若特约商户没有对持卡人进行审核，导致持卡人恶意透支的，最终受到损失的是特约商户的财产，而非发卡银行的财产。

私权十分注重的主流环境中，想必无人会配合特约商户回答有关经济状况、信用额度与还款意愿的相关问题。而且于现实情况而言，特约商户本身也并不关心持卡人的信用额度与经济状况，因为根据发卡银行与特约商户之间的特约商户受理银行卡协议书，发卡银行与特约商户之间的交易资金转入通常是以"T+0"或"T+1"为标准，详言之，特约商户在持卡人消费的当天（非工作日交易的到账日期为下一个工作日）或交易发生的第二天（非工作日交易的到账日期为下一个工作日）即能收到银行的垫付款。因此，在持卡人持卡于特约商户处消费时，即使持卡人是带有非法占有目的的恶意透支消费，特约商户最早于持卡人透支消费的当日，最晚于持卡人透支消费的下一个工作日就可收到发卡银行的垫付款，特约商户本不存在财产损失的风险，其自然也不会关注行为人的经济状况、信用额度以及还款意愿等问题。最后，有关"若认为特约商户没有审核持卡人经济状况与信用额度的义务则不认定特约商户被骗，从而不认定为犯罪"的观点实际上是将自己困于围墙之中，特约商户是否被骗不取决于特约商户是否负有一定的义务，而是行为人的欺骗行为是否足以使特约商户陷入认识错误。特约商户是否负有审查义务不能影响行为人是否实施了欺骗行为以及特约商户是否因此陷入认识错误的考察。此外，拘泥于特约商户是否负有审查义务之中，导致了忽视恶意透支型信用卡诈骗罪的本质特征的结果，即恶意透支的主要特点是行为人借用信用卡的信用交易功能而实现了自己的私利。认为在特约商户处消费不成立恶意透支型信用卡诈骗罪，在自动取款机处取现构成恶意透支型信用卡诈骗罪的观点不符合信用卡交易的发生规律和生活现实情况。

综上所述，以恶意透支涉及主体的视角来对恶意透支型信用卡诈骗罪的欺骗行为进行研究的进路实际上是错误理解了恶意透支型信用卡诈骗罪欺骗行为的发生域，恶意透支只是针对发卡银行与持卡人之间，无论持卡人在何处消费或取现，最终涉及的仍然只是发卡银行与持卡人之间的互动关系。根据持卡人与发卡银行之间的信用卡申领协议书，以及特约商户与发卡银行之间的特约商户受理银行卡协议书，持卡人在特约商户处消费透支以及在自动取款机取现后未予归还本金的，最终实际受到损失的只有发卡银行。因为在存在特约商户的情形下，发卡银行已经为持卡人在特约商户处垫付了本金；在只存在银行与持卡人的情形下，持卡人已经实际转移了发卡银行的财产。因而，在对恶意透支诈骗特质进行研究时，应该弱化对特约商户的强调，转而从银行与持卡人之间的联系出发，来研究恶意透支型信用卡诈骗罪之欺骗行为的定型，探究恶意透支是否符合诈骗罪的基本构造。

故而，若要研究恶意透支本身是否具有诈骗性质，还应该从信用卡这一维度，联系信用交易的特点，并结合持卡人与银行的关系进行综合认定。那么，基于信用卡的特性以及行为人与发卡银行之间的特殊关系，行为人使用信用卡恶意透支消费、取现是否能被评价为欺骗行为，应如何理解这种行为？

首先，诈骗罪中的欺骗行为表现为向受骗者表示虚假的事项，或者说向受骗人传递不真实的资讯。而诈骗罪中的欺骗行为必须是使他人（受骗者）产生与客观真实不符的观念的行为。在德国，欺骗行为通常包括三种形式：明示地做出与事实不符的虚假陈述；以积极的行为默示地做出虚假陈述；以及以不作为的方式进行诈骗即隐瞒真相。[①] 通过对恶意透支型信用卡诈骗罪司法实践的整理可以发现，裁判文书中没有对恶意透支型信用卡诈骗罪的欺骗行为进行实质认定，常以"恶意透支"替代对欺骗行为的论证。而在对文书展示的犯罪事实做深入分析后可以发现，行为人每一次的恶意透支行为并不是明示地在其消费透支的场所（线上与线下的特约商户、银行的自动取款机）做出与事实不符的虚假陈述，亦即，行为人没有在消费时向银行柜员或特约商户明确表示或陈述自己会归还透支本金。那么，行为人的行为究竟是实施积极的行为默示地做出虚假陈述，还是以不作为的方式进行诈骗则有待进一步的分

---

① 张明楷：《诈骗罪与金融诈骗罪研究》，清华大学出版社2006年版，第58—59页。

析。在恶意透支型信用卡诈骗罪的案件中,最核心的行为即是"行为人持卡透支消费",行为人使用信用卡进行透支是"超过规定期限透支"与"经发卡银行两次催收后仍不归还"的元行为,只有行为人确实存在着持卡消费的行为,才能有后续各要件的产生基础。根据人们的生活常识,持卡人持卡进行消费无疑是一种积极的举动,只有持卡人拿出信用卡,输入密钥,才能完成一笔透支消费。在此意义上说,行为人实施了积极的行为举动,很难将使用信用卡、后又输入密钥、拿走商品或取走现金的行为理解为一种"不作为"。正如日本学者西田典之所言,"应当与不作为诈骗相区分别的是通过举动进行的诈骗"[1]。例如,行为人在没有支付的意思和能力的情况下,进入餐馆点餐吃饭。由于点餐时通常具有支付的意思,所以应当认为属于假装成有支付意思与能力的作为形式的诈骗。

因此,应当将恶意透支型信用卡诈骗罪的欺骗行为理解为一种举动的虚假表示,即默示的举动欺骗。而默示的表示难以认定,何种行为可以称得上默示的行为不能一概而论。德文中,默示诈骗行为又被称为推定的诈骗,即其中的陈述内容必须通过交易观念进行推断。在不同的交易类型中,由于具体交易规则的不同,行为所表达的具体内容会发生变化。[2] 因而,如何确定行为人的事实陈述内容成为了恶意透支型信用卡诈骗罪欺骗行为定型的难点重点。由于恶意透支型信用卡诈骗罪的行为人并非是通过语言文字而是通过行为表达了意思,解释恶意透支的默示欺骗需要先结合交易惯例来解释行为人通过行为所表达的意思,以确定行为人通过自己的行为对事实做了何种陈述;再根据实际的情况判断这种意思内容的真实性,即是否与客观情况一致。[3] 具体在恶意透支型信用卡诈骗罪中,根据信用卡信用交易的规则与惯例,行为人使用信用卡即表示着行为人信用良好,具有较好的还款意愿与还款能力,未来收入

---

[1] [日]西田典之:《刑法各论》,弘文堂1999年版,第182页。
[2] 参见徐凌波《欺骗行为的体系位置与规范本质》,《法学》2021年第4期。
[3] 徐凌波:《德国银行卡滥用行为的理论与实务》,《刑事法评论》2015年第1期。

能力良好，这也是行为人之所以能申请获得授信的基础。在行为人使用信用卡的场合，只要行为人的信用卡被特约商户处的 POS 机或银行的自动取款机识别为有效卡，[①] 行为人即可完成刷卡透支消费的行为，也就意味着，根据信用交易与持卡人和发卡银行之间的申领协议，行为人是被发卡银行认定为信用良好，使用信用卡后会如约进行还款的用户。易言之，只要行为人可以使用信用卡进行透支消费，实则就表示了其会按照相关约定进行还款的意思，这也是信用交易的本质所在，是发卡银行在持卡人申请信用卡时审核其信用的根本目的所在。其次，出于"行为与责任同时存在"的原则，行为人在透支行为的当时即带有不会归还卡账的，给发卡银行造成财产损失的非法占有目的。亦即，行为人通过刷卡默示的其会如约进行还款的内容是不真实的，与客观情况不一致。由此构成了恶意透支型信用卡诈骗罪的欺骗行为。基于此，可以对恶意透支型信用卡诈骗罪的欺骗行为作出如下的定性，即恶意透支型信用卡诈骗罪的行为人的每一笔透支消费都包含了关于其是否具有还款意愿和还款能力的意思表示内容，行为人没有将自己不打算还款的意愿进行表达，而是正常使用信用卡进行消费的，可以构成刑法上的以积极的行为默示地做出虚假陈述的欺骗行为。根据信用卡交易的规则，行为人正常使用信用卡即代表着之后可以对该笔消费进行还款，由此使发卡银行陷入"行为人消费后会按照规定还款"的认识错误。

最后，信用卡诈骗罪的四种行为类型的第三个共同点在于都要求对发卡银行的财产造成损失的具体结果。恶意透支要求对发卡银行的财产造成损失是基于诈骗罪基本构造得出的当然结论。而从法条来看，无论是使用伪造的信用卡、骗领的信用卡、作废的信用卡、冒用他人的信用卡还是恶意透支信用卡，都要求达到具体的犯罪数额才能成立犯罪。与之相对应的则是《刑法》第一百七十七条之一的妨害信用卡管理罪，

[①] 由于本书仅对恶意透支型信用卡诈骗罪进行研究，因此这里仅限于"真人真卡"型的恶意透支型信用卡诈骗罪，不探讨"假人真卡"的情况。

该罪将《刑法》第一百九十六条规定的信用卡诈骗的其中三种类型的三种前行为（伪造信用卡、持有他人信用卡、使用虚假身份骗领信用卡）规制为犯罪。该罪的实质是"预备行为实行行为化"，目的在于通过对信用卡诈骗罪的预备行为进行规制，处罚对发卡银行财产损失具有抽象危险的行为，试图从根本上堵截信用卡诈骗的发生。因此，作为信用卡诈骗类型之一的恶意透支，因为不具备违法的预备行为，所以对其造成发卡银行财产损失结果的考察显得更为重要。

（三）恶意透支保护法益之财产法益的确认

通过上文对恶意透支与信用卡诈骗其他三种类型的对比论述可以发现，恶意透支与信用卡诈骗其他三种类型的最主要区分就在于以下两点：第一，恶意透支是基于"真人""真卡"的犯罪。那么这一区分是否能影响恶意透支的诈骗罪性质？本书认为，虽然恶意透支中不存在着"假人""假卡"的情形，但不足以影响恶意透支与信用卡诈骗的其他三种类型都具有诈骗罪的性质。实际上，学术界对"假人""假卡"强调、探讨的根本目的在于行为人以"假人"的身份使用信用卡或者使用"假卡"会使发卡银行不能掌握行为人真实的资信情况，使发卡银行遭受财产损失。详言之，根据信用卡业务的运作机制，发卡银行必须对申请人的资信状况进行仔细审核，确认申请人的收入情况良好、信用状况良好，有稳定的还款来源和相应的还款能力，由此才能保证发卡银行通过发展信用卡业务获取相应的利益以及保障其财产不会受到损失。在冒用他人信用卡和使用虚假身份骗领的信用卡的"假人"情形中，行为人是没有经过资信审核的，发卡银行不能掌握持卡人真实的资信信息，因此不能保证持卡人的每笔消费都会按照约定归还。而"假人"情形中的行为人之所以不使用自己名下的信用卡而是冒用他人信用卡以及使用虚假身份骗领的信用卡就是为了不归还相应欠款，由此给发卡银行造成财产损失。此外，在"假卡"的情形中，行为人之所以可以使用伪造的信用卡以及作废的信用卡，是改变了信用卡的磁条信息，使ATM机或POS机在读取信用卡时识别出的是其他人的真实有效的信用卡信息。此时，发卡银行无法掌握行为人和卡片的真实信息，认为卡片是真实有效的，陷入了持卡人会按照约定归还欠款的认识错误，并处分了财产，造成了财产损失。[①] 也就是说，对"假人""假卡"的强调与恶意透支具有同一指向，即对发卡银行财产的保护。第二，相比信用卡诈骗罪的其他三种行为类型，恶意透支的行为人破坏了其与发卡银行之间的信赖关系，那么这一区分是否能影响恶意透支的诈骗罪性质呢？本书认为，行为人对信用的违背或破坏是行为人实施欺骗发卡银行的一种特殊手段。行为人通过破坏信用、不守信用的方式使用信用卡，没有提前告知发卡银行其资信情况以及还款意愿的真实情况，利用信用卡"先消费、后付款"的特性，进行信用卡诈骗，导致发卡银行财产损失的结果。破坏信用是行为人欺骗行为的手段，不能从根本上影响恶意透支本身带有的诈骗性质以及其侵犯发卡银行财产的事实。

因此，基于对恶意透支型信用卡诈骗罪的发生领域与恶意透支和其他三种信用卡诈骗类型相同点与区分的论述可以得出恶意透支型信用卡诈骗罪具有诈骗性质的结论。那么所谓"恶意透支"究竟应该如何理解，则成了对恶意透支型信用卡诈骗罪保护法益研究不可回避的问题。结合诈骗罪的本质特征和信用卡交易的基本原理，所谓"恶意透支"即是指行为人以不守信用、破坏信用的方式，带有非法目的使用信用卡进行透支消费，超过规定期限且经发卡银行催收后未予归还，给发卡银行造成财产损失的。在此前提下，可以确认恶意透支型信用卡诈骗罪的另一保护法益为发卡银行的财产，这亦是诈骗罪模式下的题中应有之义。

而明确恶意透支的诈骗罪属性也是限缩恶意透支型信用卡诈骗罪成立的教义学进路。具体而言，通过对恶意透支诈骗性质的明确，对于恶

[①] 根据最高人民法院发布的《关于审理银行卡民事纠纷案件若干问题的规定》，发生伪卡盗刷交易或者网络盗刷交易，信用卡持卡人基于信用卡合同法律关系请求发卡行返还扣划的透支款本息、违约金并赔偿损失的，人民法院依法予以支持；发卡行请求信用卡持卡人偿还透支款本息、违约金等的，人民法院不予支持。也就是说，在信用卡被盗刷的案件中，若被告人不予退赔发卡银行相关经济损失，则由发卡银行自行承担损失。

意透支的理解与认定必然要严格按照诈骗的"行为人实施欺骗行为—对方陷入或维持认识错误—对方基于认识错误处分财产—行为人取得财产—被害人遭受财产损失"的基本构造。如若缺少其中任一环节，则不构成犯罪或仅构成犯罪未遂。在对恶意透支型信用卡诈骗罪构成要件的解释过程中，要时刻结合"诈骗罪"的性质来进行。而通过诈骗罪的基本构造来限缩恶意透支型信用卡诈骗罪的成立更与当下有关恶意透支的司法解释所展示出的对限缩司法适用审判思路相顺应，具有现实适用性。

第四节　恶意透支型信用卡诈骗罪双重法益的主次之分

通过本章节前三节的论述，已经明晰了恶意透支型信用卡诈骗罪的保护法益是双重法益，分别为发卡银行的财产以及信用利益。那么，这两个法益之间的应然关系是怎样的则成为下一步亟待回答的问题。具体而言，两者的重要程度是并列的，还是具有主、次之分，两者之间谁为主要法益，谁为次要法益，都是需要进一步予以探讨的。从根本而言，发卡银行的财产与信用主体的信用利益何者为恶意透支型信用卡诈骗罪的主要保护法益所回答的是其本质更偏向于财产犯罪的面向还是金融犯罪的面向。

我国刑法学的通说认为，复杂客体中的两个直接客体不是并列关系，而有主次之分。[①] 具体来说，根据我国刑法理论，犯罪的性质理应由行为所侵害的主要客体决定。但是，对某一侵害复杂客体的犯罪，究竟以哪一客体为主要客体，这完全取决于立法者的立法意图。[②] 纵观学

[①] 高铭暄主编：《刑法学原理》（第一卷），中国人民大学出版社1993年版，第487页。
[②] 参见刘宪权《金融犯罪刑法学原理》，上海人民出版社2017年版，第6—7页。

术界现有的经济犯罪研究成果，通过对立法者原意的挖掘，认为章节标题作为章节之下各犯罪保护的主要法益，章节之下各犯罪指向的不同侵害结果为次要法益的结论是主流观点。例如认为金融诈骗罪分属于《刑法》分则第三章，本质是对社会主义市场经济秩序产生消极影响，造成不良后果的犯罪。立法者设立金融诈骗罪之初，首先考量的是行为对于金融管理秩序的破坏。因此，金融诈骗罪主要侵犯了国家的金融管理秩序，同时，又侵犯了公私财产。其中金融管理秩序是主要法益，公私财产是次要法益。但是，对恶意透支型信用卡诈骗罪保护法益主次性的分析不仅要考虑立法原意，更要探讨保护法益主次顺序的确认后给恶意透支型信用卡诈骗罪理论研究和司法适用带来的相应后果。基于此，本书认为，恶意透支型信用卡诈骗罪的主要保护法益是信用利益法益，次要法益是发卡银行的财产。首先，从理论研究维度来说，将经济犯罪代入到特定经济背景下进行研究是经济犯罪的应然研究进路，但这却是我国刑法理论研究普遍忽略的部分。尤其表现在恶意透支的理论研究中，现有理论文献竟无一将信用经济的时代背景作为理论素材对恶意透支型信用卡诈骗罪保护法益和构成要件进行研究，这实际体现的是恶意透支研究中金融犯罪侧面的缺失。因此，若将发卡银行的财产作为恶意透支型信用卡诈骗罪的主要法益予以理解，则更会忽视恶意透支的金融犯罪特质，将自身困于财产犯罪的研究中，使恶意透支的理论研究与时代所需脱节。此外，财产法益的视野下只存在发卡银行这一单一被害人，发卡银行的财产法益是单一主体所独享的，其隐含的思维是恶意透支仅对发卡银行这一类主体的财产进行保护。而被公民广泛使用的"花呗""京东白条"具有和信用卡一样的信用支付的特征，恶意透支"花呗""京东白条"同样对金融市场中信用主体的财产和信用利益造成了侵犯却没有被规定为犯罪。这说明了，即使我国已踏上了深化市场改革的步伐，不再主要依赖银行等金融机构来完成相应的财政政策，但是仍残留着对特殊金融机构保护的影子。因而，若以财产法益为主导，则理论研究难以突破对特定主体法益的保护，其本质仍然是一种以特殊主体利益为导向的传统法益观。而主体多样性是信用利益的特征之一，虽然在恶意透支的语境下，行为人对一般持卡人信用利益的侵害是间接的、体现得并不明显。但是，信用利益本身蕴含的法益不专属于任何特殊主体，而是参与信用交易主体可以平等享有的，其理论内涵可以为经济法益的研究扩展思路，不使经济法益的理论视野只局限在对特殊主体的保护之上。其次，从司法实践的维度来说，当下司法实务过于偏向对发卡银行的财产保护，只要行为人没有归还发卡银行欠款，哪怕没有给发卡银行造成财产损失或只是给发卡银行带来财产损失危险的，就认定为恶意透支型信用卡诈骗罪成立，这也是财产法益为主导下的当然结局。但是，尚未确认发卡银行真正遭受财产损失的，只是逾期时间较长，对发卡银行财产造成损害危险的，不能认为信用利益也受到了侵害。只有财产损失的具体结果发生，才能影响信用利益的实现情况。在信用利益的主导下，裁判者不仅需考察行为人对信用交易的破坏，更不得不关注发卡银行财产损失的具体结果是否发生，发卡银行财产损失的结果是否是由行为人恶意透支的行为所引起的。据此，本书认为，恶意透支型信用卡诈骗罪的主要保护法益为信用利益，次要法益是发卡银行的财产，恶意透支型信用卡诈骗罪的基本性质为具有诈骗性质的侵犯信用交易产生的信用利益的经济犯罪而非单纯性的侵财犯罪。

第三章　发卡银行过错对定罪的影响

除了所谓无被害人的犯罪，在所有的犯罪案件中，必然存在着犯罪人、被害人及其双方的相互作用。[①] 其中，诈骗罪是最为典型的犯罪人与被害人互动的犯罪，诈骗的完成，是被害人与犯罪人之间"面对面"，甚至是"光明正大"地进行沟通和"交易"，以一种非暴力的方式，在被害人的"积极配合"下和平完成的。而对诈骗既遂起着关键作用的往往不是犯罪人的欺骗行为，而是被害人陷入认识错误之后的自愿交付。[②] 恶意透支型信用卡诈骗罪作为诈骗罪的一种特殊类型，其中被害人与行为人之间的互动关系体现得更加明显。信用卡业务的本质是信用交易，这是一种特殊的交易形式，表现为交易的完成需要双方共同履约，行为人的每一次恶意透支都是行为人与被害人发卡银行之间互动的结果。持卡人之所以能获得信用卡，能够被授予一定的信用额度，能够完成每一笔的透支消费，甚至能在逾期不还的情况下继续使用信用卡，都是在发卡银行准许的情况下才得以完成。因此，发卡银行自身的财产遭到损失，信用利益被侵犯的结果并不都是由行为人恶意透支的行为导致的，更是由于各发卡银行为了抢占市场份额而盲目发卡、不谨慎审批、没有进行有效的风险管控所导致的。在行为人与发卡银行的共同作用下，造成了财产损失与信用利益受损的不良后果。在这样的情形

[①] 郭建安：《犯罪被害人学》，北京大学出版社1997年版，第129页。
[②] 参见车浩《从华南虎照案看诈骗罪中的受害者责任》，《法学》2008年第9期。

下，为了从根本上保护信用利益，促进信用交易的顺利完成，充分发挥信用经济对经济高速、高质量发展的推动作用，应该重视发卡银行过错对行为人不法判断的影响。因而，发卡银行过错究竟会对恶意透支型信用卡诈骗罪的定罪产生什么样的影响是本章节的研究重点。

第一节　发卡银行过错诸观点概览与评析

纵观当下学术界与实务界对恶意透支型信用卡诈骗罪的研究与探讨，可以发现，将发卡银行过错纳入到恶意透支研究中的成果不多，属于较为"冷门"的研究视角。大多研究还是从恶意透支的法理、性质、构成要件的解释出发，研究恶意透支型信用卡诈骗罪的立法以及司法适用的妥当性。本书现就当下恶意透支型信用卡诈骗罪研究成果有关发卡银行过错的观点进行梳理与分类，以期探究当下理论与实务研究中对发卡银行过错的重视程度以及研究深度，为本书后续进一步的研究做理论铺垫。经过对现有研究成果的梳理与分析，可以发现当下有关恶意透支型信用卡诈骗罪的研究中，基于对发卡银行过错的认识程度，可以发现，现有研究从以下两个层面，由浅入深地对发卡银行过错的问题展开相关研究：第一，对于恶意透支的发生，发卡银行是否存在一定的过错；第二，发卡银行过错是否能够影响恶意透支的成立。也就是说，学者们虽然关注到了发卡银行过错导致了恶意透支的发生的现象，但是，对发卡银行过错导致恶意透支发生的认识程度以及发卡银行过错如何影响恶意透支的定罪看法上产生了一定的分歧。基于此，本书从发卡银行过错是否能够影响恶意透支型信用卡诈骗罪将现有研究成果分为两大类：一类是认为发卡银行过错能够影响恶意透支的定罪，以下简称为肯定说；另一类是认为发卡银行过错不能够影响恶意透支的定罪，以下简称否定说，以下将围着这两种分类对相关观点进行探讨与评析。

一 发卡银行过错影响定罪的否定说

根据对发卡银行过错的认识程度，也可以在否定说的内部进行进一步的分类。第一，认识到了发卡银行过错对于恶意透支发生的作用力，肯定发卡银行存在一定的过错，但是没有对发卡银行的具体过错进行深入研究。[①] 第二，认识到了发卡银行对于恶意透支发生的作用力，肯定发卡银行存在一定的过错，并对发卡银行的具体过错进行了一定的研究，但是没有对发卡银行的过错是否能够影响恶意透支的定罪量刑做出进一步的研究。一般来说，持"否定说"的学者认为发卡银行的具体过错主要表现为其在信用卡发卡审核环节松散；对申请人审核不严格；没有充分利用征信系统；缺少必要的审核环节；信用卡营销外包现象严重，并对银行的审慎经营提出了各种具体措施。[②] 此外，还有学者注意到了发卡银行在发放信用卡时透支的法律后果告知不严格的现象。[③] 但是此类观点只是提出了发卡银行对于恶意透支的发生存在一定的责任，至于发卡银行过错是否可以影响恶意透支的定罪，则没有进一步的研究。可以认为前两种观点不认同发卡银行的过错可以影响恶意透支型信用卡诈骗罪的定罪量刑。第三，认识到了发卡银行对于恶意透支发生的作用力，肯定发卡银行存在一定的过错，并对发卡银行的具体过错进行了一定的研究，但明确了发卡银行的过错不能影响恶意透支的定罪。例如，有学者认为恶意透支与银行自身不能保证特约商户联网有关，但是不认为应该放松刑事手段对恶意透支进行规制与治理。[④] 第四，认识到了发卡银行对于恶意透支发生的作用力，肯定发卡银行存在一定的过

[①] 详见张建、俞小海《恶意透支型信用卡诈骗罪出罪之实践反思与机制重构》，《中国刑事法杂志》2013年第12期。

[②] 参见毛玲玲《恶意透支型信用卡诈骗罪的实务问题思考》，《政治与法律》2010年第11期。

[③] 参见杨世华、孙迎春、王萍《恶意透支型信用卡诈骗犯罪案件司法认定中存在的问题及对策研究》，《中国检察官》2017年第12期。

[④] 参见安文录、李睿《恶意透支行为刑事司法认定问题研究》，《刑法论丛》2010年第3期。

错,并对发卡银行的具体过错进行了一定的研究,不认为发卡银行的过错可以影响恶意透支的成立或认定,但是认为应该重视发卡银行自身的原因,发卡银行应该进行一定的改革。例如,有学者认为之所以会产生大量的信用卡不当透支甚至恶意透支的现象,并不能完全归咎于持卡人的非法行为,发卡行本身也存在一定的责任。因此,若想保证持卡人透支后可以如约还款,从根本上解决持卡人透支后不还的问题更需要从发卡银行这一角度入手,促使发卡银行完善、拓展信用卡业务,建立更为规范的催收预警机制,督促发卡银行高质量履行信用卡资格审批、授予的义务。① 此外,司法机关通过对案件的审理,也观察到了发卡银行在恶意透支中的过错,但不认为发卡银行过错可以影响行为人的定罪量刑,而是需要发卡银行进行一定的整改。例如,上海市高级人民法院认为信用卡纠纷案件中明显存在着发卡银行在发卡环节审核不严、银行服务存在明显弊端、催收环节不规范等问题。在面对信用卡纠纷的案件时,更要从约束信用卡规范发展的角度出发,全面认识恶意透支的发生原因,并倡导出台能够约束银行行为的部门规章和地方法规,强化银行自身的风险管理意识和管理机制。②

二 发卡银行过错影响定罪的肯定说

坚持"肯定说"的相关研究成果极少,属于恶意透支研究中的"小众"观点。持"肯定说"的学者认为,恶意透支中,发卡银行过错可以影响恶意透支的入罪。具体而言,持该说的学者认识到了发卡银行对于恶意透支发生的作用力,肯定发卡银行存在一定的过错,对发卡银行的具体过错进行了一定的研究,并认为发卡银行的过错可以影响恶意透支的成立甚至影响恶意透支罪名的设置必要性。例如,有学者认为商

---

① 参见刘宪权、庄绪龙《"恶意透支"型信用卡诈骗罪若干问题研究——兼评"两高"〈关于办理妨害信用卡管理刑事案件问题的解释〉有关内容》,《当代法学》2011年第1期。
② 参见上海市高级人民法院课题组《金融危机背景下的金融风险防范——以信用卡纠纷为视角》,《法律适用》2009年第9期。

业银行为了扩大市场份额而放松了对申请人的资信审查，如果发卡银行可以采取更为严格的偿付能力检测手段和更为限制性的发卡政策来保护其免受不诚信客户的影响，那么从法益受损害的程度、法益保护的手段的适当性、必要性以及合比例性原则出发，将恶意透支行为入罪的应罚性和须罚性都会打上问号。①此外，持"肯定说"的学者认为发卡银行过错可以影响对恶意透支的司法认定。例如，有学者认为，实践中很多恶意透支型信用卡诈骗罪的案件中，银行都存在一定过错，很多银行对申请人的工作收入等资信证明审核不严甚至不经审核就发放信用卡，甚至有些银行工作人员为了完成发卡任务，不惜帮助申请人伪造虚假的申请材料和资信证明，使不应当得到信用卡的申请人成功得到信用卡。银行工作人员对于不符合资质的持卡人透支后不能归还的后果有着不可推卸的责任，若将发卡银行财产受到损失的结果全部转嫁给持卡人，使持卡人为全部损失负责，显然是不公平的。②但是没有对发卡银行过错能够如何影响定罪做出进一步的论述。

三 发卡银行过错诸观点评析

通过上文对当下学术界与实务界中有关恶意透支中发卡银行过错观点的梳理与分类，可以发现，现有理论成果中，对恶意透支中发卡银行过错的研究整体呈现零散化、分散化的状态，并且对发卡银行过错是否能够影响恶意透支的定罪存在一定的分歧。具体而言，首先，学者们在论述发卡银行的过错时，只观察到了发卡银行在个别环节的具体过错，并没有结合恶意透支发生的完整的信用卡交易流程予以分析。大部分学者仅从信用卡的审批发卡环节以及催收环节入手，这必然导致了对其他环节发卡银行的过错的忽视，致使其分析结果不够全面。其次，大部分

---

① 参见王华伟《恶意透支的法理考察与司法适用》，《法学》2015年第8期。
② 参见宁建海、乔萍萍《论恶意透支型信用卡诈骗罪的法律适用》，《中国刑事法杂志》2011年第12期。

学者是于恶意透支发生原因中探讨发卡银行过错的，其承认发卡银行存在一定的过错，但是其结论只停留在分析发卡银行存在什么样的具体过错之上，没有继续深入挖掘发卡银行的过错是否能够影响恶意透支的成立。可是，既然承认了发卡银行过错是恶意透支得以发生的主要原因之一，也就是肯定了发卡银行的过错与发卡银行财产损失以及信用利益受损的因果关系。那么根据三阶层对犯罪成立的判断，承认被害人自身原因或作用力导致了结果的发生就必然会影响行为人的行为和危害结果之间因果关系的判断，也自然会影响构成要件符合性的判断，那么对发卡银行过错的分析就必然会影响到恶意透支的成立。可大部分的研究成果只进行到对发卡银行存在什么样过错的分析就戛然而止，不禁让人感到困惑。最后，即使是承认发卡银行过错可以影响恶意透支的成立的学者，也没有对发卡银行过错给予过多重视，在其理论成果中，仅是通过几句话来论述发卡银行的过错与恶意透支成立与否的因果关系。没有以刑法教义学的视角来检视发卡银行过错影响恶意透支成立的具体过程，没有体系化的研究发卡银行过错与恶意透支结果之间的因果关系，导致其论述结果不够详尽和深入。

综上所述，即使在现有恶意透支的研究成果中已有部分学者对发卡银行过错有一定的关注和研究，但是从研究成果中可以看出整体呈现出较为零散化的状态，没有对其进行体系化的研究，这也是当下恶意透支研究中的理论缺口。亦即，没有以刑法教义学中有关被害人过错的相关理论对恶意透支当中的发卡银行过错进行体系化研究，探讨发卡银行过错能够影响恶意透支定罪的可能性与可行性。因为，本书以刑法教义学中被害人过错的相关教义学理论为分析素材，重点关注发卡银行过错对恶意透支成立的影响，使对发卡银行过错的研究更成体系化，弥补当下理论研究的缺口。

第二节　发卡银行过错影响定罪的理论检视

研究发卡银行过错是否能影响恶意透支的成立以及如何影响恶意透支成立的本质是回答如何在刑法上评价发卡银行过错。因此，若想深入探究发卡银行过错对恶意透支的定罪影响的可行性，需建立在被害人过错能够阻却行为不法的理论之上，从理论层面探讨发卡银行过错对于犯罪成立的具体影响。在被害人与行为人之间互动关系极为明显，互动过程对于犯罪的发生和完成极为重要的恶意透支型信用卡诈骗罪中，被害人发卡银行的行为不同程度地影响到了恶意透支的发生。那么应该如何在规范层面上理解这种事实性的影响，如何在法教义学的领域中规范化地处理这种影响，都是于恶意透支型信用卡诈骗罪中研究被害人过错无法回避的问题。

一　被害人自我答责与发卡银行过错

（一）发卡银行过错于信用卡业务中的实质指向

从发卡银行的角度来看，开展信用卡业务的主要目的在于实现盈利。于我国信用卡发展初期，各发卡银行首先陷入了抢占市场份额、扩大信用卡规模的混战之中。在各发卡银行抢夺市场份额的斗争中，发卡银行为了获得更多的客户而放松了对申请人的资质审核，使许多原本不符合申请信用卡资质的人也能轻松获得信用卡。日常生活中，常见发卡银行于校园、超市、社区中开设摊位、办卡点，以办卡送礼品等方式推销信用卡。而各发卡银行盲目发卡，放松审核背后的逻辑在于市场占有率和盈利能力之间的关系，一般而言，提高市场占有率，可以扩大销售规模，以此降低产品的单位成本，从而提高产品的盈利水平。[①] 也就是

[①]　黄劲松、赵平、王高、陆奇斌：《基于顾客角度的市场占有率研究》，《中国管理科学》2004年第2期。

说，发卡银行对于申请人审核审批的松懈的主要原因在于扩大自己的用户数量，抢夺市场份额，以实现更高的盈利。经过一段时期的发展，虽然各银行发卡量指标已逐渐完成，但更棘手的情况出现了，信用卡的使用率没有得到相应的提高，信用卡业务的盈利水平整体表现较差。根据统计，中国银行、广发银行、招商银行、深发银行2003年信用卡平均收入构成中，信用卡业务中最主要的收入来源是信用卡的年费收入，平均比例高达55%；其次是利息透支收入，平均比例为22%。而根据不同收入的盈利水平分析，透支利息才是发卡银行开展信用卡业务最为青睐的盈利方式，在信用卡市场较为成熟发达的国家，信用卡业务的主要收入来源就是利息收入，透支利息在收入结构中占比均达50%以上，例如，2002年美国透支利息占总收入的比重为68%，日本则达到了55%。[①] 面对这种不合理的收入结构以及盈利能力差的情况，发卡银行必须从两个方面入手，提高自己的信用卡盈利水平。其一，鼓励持卡人进行超额消费，也就是说，发卡银行将赋予持卡人与其本身资信水平不符的高额授信；其二，提供多种还款方案，发卡银行"鼓励"持卡人在免息期之后分期还款。这背后的逻辑在于，对于发卡银行来说，只有持卡人存在超过免息的还款行为或持卡人选择部分还款而非全额还款时，发卡银行才能对其透支消费的数额收取相应的利息。总体来说，不在还款期内还款的持卡人越多，发卡银行就越能实现更高的利息收入；不选择全额还款的持卡人越多，发卡银行就越能从中赚取更高的利润。从这个层面来看，发卡银行赋予持卡人过高的信用额度，使逾期的持卡人仍能使用信用进行透支消费的根本原因在于通过促使持卡人逾期还款、部分还款，从而实现更高的盈利。综上所述，在对发卡银行过错于信用卡业务中的意义进行分析之后可以发现，实践中体现出来的发卡银行的种种过错的根本目的都是在于实现更高的信用卡盈利，本书第一章分析的四种发卡银行的过错类型的本质是发卡银行为了追求利益的一种

---

① 参见梁万泉《信用卡盈利模式比较和借鉴》，《金融与经济》2009年第3期。

手段，或者说，是发卡银行为了提高信用卡盈利进行权衡之后所出做的一种"理性"选择。

（二）存在发卡银行过错时发卡银行的自我答责

在明确了发卡银行具体过错于信用卡业务中的意义之后，就需要在刑法上对发卡银行的行为做出评价。也就是说，发卡银行为了实现更高的整体利益，而有意选择牺牲自己的一部分利益作为成本的这种行为，应该如何评价。本书认为，发卡银行的这一选择于法学理论而言是发卡银行自我决定权的一种具体体现。自我决定权主要是指个人对自己的利益按自己意愿进行自由支配的权利，代表着个人是自己命运的决定者和自己生活的作者。[1] 这种自我决定权是私法领域引申出的题中应有之义，在一个保护公民自由的法律价值体系内，法律应当确保公民在法律范围内根据自己的价值观念和判断所行使的自主与自由权。这一法律的社会价值远远优越于为了保护被害人已经放弃了法律保护所可能带来的利益损害和国家对公民自主自由权的干涉。[2] 发卡银行发卡审核时的不审慎、提供给持卡人过高的授信额度、使持卡人在逾期之后仍然可以使用信用卡的种种过错的本质是发卡银行对自己权益的一种自由处分。进一步来讲，对于发卡银行而言，其种种具体过错于表面上来看是其对自身利益的一种损害，放松审批与懈怠风险管理都会使其自身的财产与信用利益置于一定的风险当中，但是这种损害的根本目的是实现更高的或者更长远的利益，[3] 是其在经过利益权衡后基于自由意志下所做出的一种决策与选择。

而于刑法之上，被害人自主就是被害人的利益，而且是重大的利益，因此，其他行为人对于被害人自我损害行为的加工，无论是事前加

---

[1] 车浩：《自我决定权与刑法家长主义》，《中国法学》2012年第1期。
[2] 李海东：《刑法原理入门：犯罪论基础》，法律出版社1998年版，第91页。
[3] 于发卡银行的眼光而言，通过放松信用卡管理带来的是一种更长远的利益收入。但是，懈怠的信用卡业务管理从长期来看只会侵害信用卡业务给银行自身、社会、个人带来的利益。

工还是事后加工,都是在促成被害人自我选择权的实现,都是被害人自主利益的体现。在被害人损害了自身的法益而进行自我实现时,在刑法处罚利益侵害的基本意义上,就不能不考虑这一事实。[1] 因而,从被害人自我决定权如何影响违法性判断的层面来说,只要存在结果的不发生应当由被害人自身负责的情况,那么就完全不存在他人对损害结果的不法。即使他人以故意或者过失参与了损害结果的发生过程,他人的行为也不成立犯罪未遂,[2] 亦即,需要被害人对实害结果进行自我答责。详言之,在存在被害人以自我损害的方式进行自我实现的情况下,判断行为人的不法的过程中,行为人的不法评价要受到被害人自我决定权的影响。具体到恶意透支当中,虽然财产损失和信用利益受损的结果是发卡银行自身不想发生的,但这是发卡银行基于自我决定权之下的从事冒险行动而实现心中价值选择的机会,处罚行为人等于否定了发卡银行可以直接利用他人行为来达成自我实现。那么,如果行为人的行为是指向被害人的自由意志,但却将实害结果归责于行为人,就是无意义的。[3] 易言之,对被害人自我决定权的尊重,是判断行为人不法时应该兼顾的重要内容。被害人通过自我损害而达成的自由意志的实现能够影响对行为人不法的判断。出于尊重被害人个人自治的需要,刑法允许在特定情形下将损害结果归属于被害人,由其自我答责,[4] 而这就是自我答责理论中刑法对发卡银行自身过错的评价。

(三) 自我答责下信用卡业务皆为被害人过错

刑法教义学作为法律和司法实践的桥梁,通过对现行法律进行解释,从而达到在很大程度上实现法安全和法公正的目的。因而,法教义学应是司法活动的有效工具,法教义学理论选择的根本目的在于通过对法律的解释为司法实践中出现的问题提供有力的、具有强大解释力的解

---

[1] 黄荣坚:《基本刑法学》,中国人民大学出版社 2009 年版,第 208 页。
[2] 冯军:《刑法中的自我答责》,《中国法学》2006 年第 3 期。
[3] 参见王骏《论被害人的自陷风险——以诈骗罪为中心》,《中国法学》2014 年第 5 期。
[4] 朱晓艳:《被害人自我答责的司法适用研究》,《政治与法律》2020 年第 9 期。

决方案。而被害人自我答责这一理论过于宏观，虽然其为判断介入被害人过错时的不法判断提供了一个指向，即被害人出于自由意志而自我损害时，出于对被害人自我决定权的尊重，此时在判断行为人不法时就要将该事实纳入进考量因素当中，作为判断行为人不法的因素之一。但是于司法实践当中，无法通过被害人自我答责理论而厘清一条明确的出罪道路。具体而言，经济生活中的各经济主体本身都是利益的追逐者，发卡银行也不例外，其在发展信用卡业务过程中的一切作为或不作为的根本指向都在于追求更多的利益达成的自我实现。与其他侵犯人身、财产权利的犯罪不同，恶意透支型信用卡诈骗罪中发卡银行与行为人之间的互动性极强，甚至可以表现为只要没有发卡银行的发卡行为，行为人就不能得以恶意透支。而信用卡业务本身就是一项高风险高回报的商业行为，其通过高信用卡定价的设置来保障高风险的同时仍然能带来盈利。Visa 中国区总经理在一次访谈中曾指出，从银行的角度说，不应该存在恶意透支的说法。对信用卡而言，当银行给客户发放信用卡时，就应该明白可能会有回收不了的贷款，坏账是做信用卡业务的成本之一。[①] 也就是说，信用卡业务的本质实则就是同意持卡人实施风险的行为，在发卡银行开展信用卡业务之初，发卡银行就已经清晰地认识到持卡人的行为具有给自身法益造成损害的危险，无论发卡银行是否在审判环节、风险管控环节存在具体的疏漏或懈怠，信用卡业务本身即是带有高风险的业务，持卡人不归还欠款的本质是发卡银行信用卡业务中的一种商业风险，发卡银行自身需要对恶意透支的不发生负责。

在此前提下，裁判者无法借由被害人自我答责理论来有效判断发卡银行的行为究竟是一种过错，还是经营信用卡业务当中的一种正常行为，无法证明发卡银行的某种行为是否应被评价为一种过错。因此，自我答责理论无法为司法适用提供一个明确的理论方案。

---

① 《访 VISA 中国区总经理熊安平 信用卡不存在恶意透支》，搜狐新闻，http://news.sohu.com/28/96/ news204649628.shtml，访问日期：2020 年 1 月 5 日。

二 被害人同意与发卡银行过错

被害人同意理论是指被害人容许他人对自己可以支配的利益进行侵害的行为,被害人同意可以排除对行为人行为的不法评价以及作为一种排除犯罪性的出罪事由。① 被害人同意阻却不法的正当性根据与被害人自我答责有着同样的理论解释根源,即被害人的自我决定权。但被害人同意与被害人的自我答责阻却行为人不法的依据存在着本质差距,主要体现在被害人的自我答责的辐射范围更广,详言之,社会中每个人都有自己的角色分配,每个人都有自己的管辖领域,对自己管辖领域内的事情,由其个人自负其责。② 而被害人同意则在一定程度上限制了被害人自我答责的范围,亦即,只有得到被害人同意的对其自身可支配的个人利益的侵犯,才能阻却不法。由于被害人同意强大的理论解释力与明确性,被害人同意实则成为了被害人自陷风险各理论中的最终解释方法论,尤其体现在被害人危险接受理论中。

(一) 危险接受理论中被害人同意的具体适用

理论上将刑法意义上的危险接受分为两种类型,其一为自己危险化的参与,其是指被害人意识到并实施了危险的行为,且遭受了实害结果,但被告人的参与行为与被害人的实害结果之间具有物理或心理的因果性;其二为基于合意的他者危险化,其是指虽然给被害人造成实害结果的是被告人的行为,但被害人认识到并且同意被告人行为给自己带来的危险。③ 于危险接受理论中,发卡银行过错本质则是一种基于合意的他者危险化。具体而言,无论发卡银行如何懈怠审批、疏漏风险监管,能够侵害发卡银行信用利益和财产的只能是行为人,是行为人带有非法占有目的的超过规定期限不归还欠款才造成了发卡银行信用利益受损和财产损失的结果。但是,在发卡银行过错的情形下,发卡银行能够基于

---

① 方军:《被害人同意:根据、定位与界限》,《当代法学》2015 年第 5 期。
② 冯卫军:《被害人自我答责与过失犯》,《法学家》2013 年第 4 期。
③ 参见张明楷《刑法中危险接受的法理》,《法学研究》2012 年第 5 期。

自己经验性以及专业性的认识,判断出行为人的行为给其带来的具体危险,并为了实现更高的经济利益而同意行为人给自身信用利益和财产带来的危险。而在被害人危险接受的情形中,刑法应如何评价被害人的危险接受行为无疑是理论研究的最终落脚点。详言之,在面对被害人危险接受的问题时,理论界的主流看法是直接适用被害人同意理论来阻却不法。例如山口厚教授认为,无论是自我危险化的参与还是基于合意的他者危险化,只要存在一个有效的被害人同意,则均能适用被害人同意理论阻却行为人的不法。[1] 黎宏教授也认为,既然行为人实施的是危险行为,就表明该行为蕴含有发生结果的可能,行为人既然同意参与行为,就绝对不能说对该行为所可能产生的结果表示不同意。[2] 也就是说,在危险接受理论中,被害人同意是危险接受阻却行为人不法的法理依据,基于合意的他者危险化就直接等同于被害人同意行为人对自己的利益进行侵害。在存在被害人危险接受时,就默认了通过适用被害人同意来阻却不法。而这种直接援引被害人同意作为危险接受情形下阻却不法的逻辑不只广泛存在、被拥护于理论研究中,更体现在司法实务中。详言之,在德国的司法实践中,将自我危险化的参与按照被害人同意来对待的现象突出,而在基于合意的他者危险化与自我危险化的参与在所有要件都一致时,也应按照自我危险化的参与进行处理,[3] 亦即,以被害人同意的处理办法进行出罪判定。

(二) 发卡银行危险接受不等同于实害结果接受

本书认为,以被害人同意理论作为被害人危险接受时普遍适用的不法阻却根据是不恰当的。被害人同意与危险接受本身就是性质相异,不能做等同对待的。详言之,在被害人危险接受时,被害人只是认识到了行为的风险,并没有同意实害结果的发生,被害人没有放弃自己的法

---

[1] [日] 山口厚:《刑法总论》,付立庆译,中国人民大学出版社2001年版,第171页。
[2] 黎宏:《过失犯若干问题探讨》,《法学论坛》2010年第3期。
[3] 参见 [日] 岛田聪一郎《被害人的危险接受》,王若思译,《刑事法评论》2013年第1期。

益;而被害人同意时,被害人同意实害结果的发生,放弃了自己的法益。① 也就是说,不能从被害人危险接受中直接推导出被害人同意结果的发生,由此阻却行为人的不法。具体到恶意透支型信用卡诈骗罪中,在发卡银行存在过错的场景中,虽然发卡银行使得高风险的行为人得以恶意透支或得以继续恶意透支,但是发卡银行只是同意了交易中的具体危险,而不是交易中的危险现实化。于诈骗罪的基本构造中,发卡银行过错使行为人得以恶意透支或得以继续恶意透支只是对行为人"取得财产"环节中的"同意",并没有"同意"对行为人给自身造成信用利益受损以及财产损失的结果。发卡银行使得高风险的行为人得以恶意透支的本质是通过鼓励逾期、鼓励超额消费来达到更多的盈利,基于信用卡业务的天然逐利性,无论如何都不能认为发卡银行危险接受的本质是同意行为人给其造成实害结果。认识到危险,同意行为人给自己带来危险而实现盈利是市场经济下所有金融机构开展信贷金融业务的基本前提,更是信贷业务本身的运转模式,如果说只要金融机构认识到了开展信贷金融业务的危险并同意危险的发生就意味着同意每一笔交易都给自己带来实害结果的话,那其结论必定是金融机构自身需要对发生的一切实害结果承担责任,金融机构的一切基于风险而运转的金融业务都是不需要刑法所保护的,这显然是不符合实情的。因此,被害人同意理论所暗含的危险接受等于结果接受的理论内涵不能适用于恶意透支型信用卡诈骗罪之中。

三 发卡银行过错契合于被害人信条学

(一) 被害人信条学下的发卡银行自我保护可能性

如果说发卡银行自我决定权之下的自我实现为个罪构成要件不法判断指引了一个宏观方向,那么被害人信条学则为被害人为了自我实现而自我损害情况的不法判断提供了具体的方法。有关"被害人信条学"

---

① 参见张明楷《刑法中危险接受的法理》,《法学研究》2012 年第 5 期。

的浪潮开端是德国学者阿梅隆于1977年发表的一篇有关诈骗罪中被害人的错误与怀疑的论文。在该篇论文中，其指出，在诈骗罪中只有那种不包含任何具体怀疑的认识偏差的，才能认定为认识错误。如果一个人已经对他人言行的真伪产生了具体怀疑而仍然处分财物，此时，这就不再是陷入错误的财产处分，而是一种带有冒险性质的投机行为。对于这种自冒风险的投机行为，刑法没有保护的必要性。其理论的根据是刑法的最后手段性，如果被害人本身可以经由适当的手段来保护其法益而任意不用时，刑法自无介入之余地。① 自阿梅隆之后，许乃曼以被害人为理论切入点进行了更为深入的研究。许乃曼认为，传统的犯罪论体系判断构成要件符合性、违法性与有责性的依据仅是行为人的行为，从行为人这一单一维度出发不能完整地解释因被害人行为介入而发生的犯罪。并提出了"刑罚的必要性与对被害人法益保护必要性相对存在"的解释原理，具体而言，刑罚作为国家预防社会侵害的最后手段，在被害人能够自我保护的情况下却疏于或舍弃自我保护，或者说当被害人的法益并不值得也不需要保护时，应在构成要件所允许的解释范围之内，将行为排除在可罚性范围之外。② 许乃曼还将被害人行为以及被害人的自我保护可能性运用到除诈骗罪以外的其他存在被害人行为介入的犯罪的研究中，逐渐形成了"被害人信条学"理论。

通过对被害人信条学的基本观点的梳理，可以发现被害人信条学的起源与基本逻辑是通过诈骗罪中被害人对于行为人实施的欺骗行为的心理态度究竟是"怀疑"还是"确信"，来判定被害人对待其自身法益的态度，从而判断被害人在被骗当时的法益的自我保护可能性。其根本目的与作用在于，通过对被害人的刑事需保护性和值得刑事保护性的评价和判断，判定被害人在被骗当时明明可以选择自我保护法益却仍然选择

---

① Amelung, Irrtum und Zweifel des Getaeuschten beim Betrug, 转引自车浩《被害人教义学的发展：刑事责任的分配与被害人自我保护》，《政治与法律》2017年第10期。
② 褚泽昆：《诈骗罪中被害人的怀疑与错误——基于被害人解释学的研究》，《清华法学》2009年第5期。

放弃了自身的法益。因此，于被害人而言，其没有值得刑法保护的法益，那么行为人此时也没有侵犯法益，由此阻却行为的不法。有趣的是，基于诈骗罪研究而掀起的被害人信条学却甚少出现在有关金融诈骗罪的相关研究中，表现在恶意透支型信用卡诈骗罪的研究成果中，研究者们即使关注到了发卡银行自身的过错才使得行为人得以恶意透支，但是不能提升其理论高度，没有引入被害人信条学，不得不说是一种遗憾。

本书认为，在恶意透支型信用卡诈骗罪的语境下，发卡银行的过错可以高度契合于被害人信条学。于被害人信条学中，刑法相对于可能和可胜任自我保护的潜在被害人应当是一种辅助性手段，许乃曼根据刑法辅助性原则，认为刑法作为国家防止社会损害发生的最后手段，得出在被害人不值得保护和不需要保护之时，刑法无用武之处。当被害人可以轻易地来进行自我保护时，就通过对这种行为进行目的论上的犯罪构成要件的解释，将其排除于刑事可罚性的范围之中。[①] 因而，被害人是否能够自我保护而不去自我保护是通过被害人这一角度解释构成要件的切入点。与被害人同意理论和被害人自我答责不同，被害人信条学对认定被害人是否应自我答责、被害人是否同意结果的发生提供了一个限制性的标准，即被害人于行为人行为当时是否可以进行有效的、轻易的自我保护，而不是只要被害人主动介入了危险之时，被害人对危害结果的不发生应负责时，就认定被害人不需要刑法的保护。具体而言，根据被害人信条学，当被害人能够自我保护而不去自我保护时，基于刑法的辅助性原则和最后手段性，被害人就会得到刑法的否定评价，其法益不受刑法保护。于发卡银行而言，其能够自我保护却不自我保护就是其过错的本质，在发卡银行存在过错时，其自身的过错行为会影响对行为人的不法判断。而将被害人信条学引入恶意透支型信用卡诈骗罪的研究中，更

[①] 申柳华：《德国刑法被害人信条学研究》，中国人民公安大学出版社2011年版，第97页。

是具有相当大的理论合理性和优越性。具体而言，恶意透支作为诈骗罪的一种特殊类型，在对其的理解与认定上必然要依照诈骗罪"行为人实施欺骗行为—对方陷入或维持认识错误—对方基于认识错误处分财产—行为人取得财产—被害人遭受财产损失"的基本构造。因此，判断被害人到底有没有陷入认识错误本身就是诈骗罪认定中的题中应有之义，在被害人是否陷入认识错误的判断中，区分被害人对行为人所诈称之事的心理究竟是"产生了具体怀疑"还是"确信"的意义重大。此外，法益保护的必要性与适当性于恶意透支的研究中本身就是一个有重要研究意义的议题。在发卡银行开展信用卡业务的过程中，于各个环节均可发现其自身为了盲目追求市场份额而不审慎经营的表现，那么，是否可以将发卡银行为了追求更高的利益而主动将自己的财产置于危险之中视为其已经放弃了自我保护？刑法是否还需要对其已经放弃的法益进行保护？这些都是研究恶意透支中发卡银行过错不可回避的问题，而基于被害人信条学，当明确发卡银行于行为人实施欺骗行为时没有陷入认识错误时，应认定发卡银行自身放弃了对其法益的保护，其已经没有值得刑法保护的法益了，由此阻却行为人行为的不法，否认恶意透支的成立。也就是说，恶意透支型信用卡诈骗罪中的发卡银行过错与被害人信条学之间有着极高的契合度，发卡银行是否存在过错于刑法教义学上的本质属性可以通过被害人信条学被具体化为发卡银行的自我保护可能性的判断。在具体的场景中，如果发卡银行在行为人行为当时没有陷入认识错误，对行为人的诈称事项产生了具体怀疑，则可以认为发卡银行可以自我保护却放弃了自我保护，也就代表着发卡银行确实存在着刑法意义上的过错。

（二）传统理论对被害人信条学的抨击

但是，基于刑法最后手段性基础上的被害人信条学遭到了来自理论界的质疑。对被害人信条学最为严厉的抨击来自希伦坎普，其否认被害人信条学对于犯罪构成要件解释方面的作用，并认为被害人的责任只能在量刑中予以考量。希伦坎普做出这样结论的主要原因在于其认为被害人信条学是以限制被害人行为自由为代价,扩大了犯罪人的行为自由空间,国家无可推卸地应当履行保护国民的义务,因为国民不可能通过同样有效的行为进行自我保护。① 基于此,有学者批判被害人信条学有可能会演变成鼓励犯罪的理论,并认为被害人信条学强调的自我保护实则是国家怠政思想的体现,违背刑法的公正观念。② 而将对被害人信条学的批判进行更细致的解构后,可以发现,被害人信条学的反对观点主要聚焦于刑法已经规定了相关的犯罪,这就意味着刑法已经解放了被害人自我保护的义务,被害人可以期待刑法对其法益进行保护,不应该再要求被害人进行自我保护,且被害人也不能够做到自我保护。

具体而言,以诈骗罪为例,在被害人认识到了交易的风险却放任这种风险发生是否足以构成被害人法益不被刑法保护的依据,刑法是否要求被害人在认识到风险时一定要回避风险。在行为人创造出一个不被容许的风险后,一旦被害人认识到风险,刑法就对被害人提出了消解风险的责任要求,显然对被害人提出了过高的期待。就常理而言,即便认识到交易风险,但核不核实风险,回不回避风险均是被害人交易自由的题中应有之义。③ 此外,以被害人自我保护可能性作为可罚性的基础并不稳固。详言之,在日常生活中,被害人是否具有自我保护可能性对于行为人而言是偶然性事件。被害人自我保护可能性本身即是一个多变性的前提,许多因素可以影响个人被害人的自我保护可能性,例如被害人的能力、获取信息的渠道、风险认知的程度、采取措施的可能性。④ 这就导致了有些被害人认知水平较高,获取信息较为全面可以进行自我保护,但一些被害人则不具备这些能力,不能够进行自我保护。因此,被害人是否能够进行自我保护仅是一种偶然性事件,如果对某一个罪名中的被害人做同样的自我保护要求,就会导致认知水平较高的被害人不能

---

① 参见申柳华《德国刑法被害人信条学研究》,中国人民公安大学出版社2011年版,第289—300页。
② 参见庄劲《被害人危险接受理论之反思》,《法商研究》2017年第2期。
③ 王骏:《论被害人的自陷风险——以诈骗罪为中心》,《中国法学》2014年第5期。
④ 参见王骏《论被害人的自陷风险——以诈骗罪为中心》,《中国法学》2014年第5期。

得到刑法的保护，而认识水平较低的被害人才可以得到刑法保护的结果，会造成刑法对不同的被害人产生偏差的保护作用，刑法规范的效力将遭到质疑。

　　针对上述质疑，本书认为，首先从被害人信条学的根本目的而言，其试图通过引入被害人这一角色，对被害人自身法益的值得保护性和需保护性进行分析，从而使具体的犯罪构成的不法判断能够更加符合规范保护目的。从本质上说，被害人信条学是一种符合目的论的限缩解释方法。因此，被害人信条学并不是要构建一种在刑法总则不法判断之外的具有普适性的独立适用原则，而是于具体个罪中，通过被害人信条学的引入，使具体构成要件的解释结论更具妥当性，有效预防和控制刑法的肥大症。许乃曼曾言，被害人信条学的性质实则为"分则体系与总则体系之间的桥梁"。[①] 即使是被害人信条学的反对者，罗克辛教授也不否认被害人信条学于具体个罪中对于个罪保护范围判断的作用，其认可被害人信条学是一种对构成要件进行目的限缩解释的解释原则，刑事可罚性的范围不应包括那些被害人不具有应保护性也没有需保护性的情形。简单来说，被害人信条学是一个关于个别构成要件的解释问题。[②] 那也就是说，上述质疑的根本在于，若要在具体个罪中适用被害人信条学，论证被害人信条学于个罪中的解释能力，则要回答于个罪的维度之下，刑法能否期待具体个罪中的每一个被害人做到核实风险、回避风险，如果刑法要求被害人能够于交易中核实风险、回避风险，会不会使刑法的指引发生偏差。或者说，核实风险、回避风险本身是不是被害人于具体交易中的谨慎义务的内容。其次，于具体的犯罪中各被害人可能会基于被害人自身的能力或一定的客观原因导致其自我保护可能性无法处于同一水平，基于被害人自我保护可能性的差异性做出的解释结论会使刑法

[①] ［德］许乃曼：《刑事不法之体系：以法益概念与被害者学作为总则体系与分则体系间的桥梁》，转引自许玉秀、陈志辉等编译《不移不惑献身法与正义——许乃曼教授刑事法论文选辑》，台北：新学林出版股份有限公司2006年版，第207页。

[②] Roxin, Strafrecht AT, 转引自车浩《被害人教义学的发展：刑事责任的分配与被害人自我保护》，《政治与法律》2017年第10期。

规范效力变得不稳定。以诈骗罪为例，现实生活中被害人的认识能力不可能处于相同水平，如果基于此就对被害人进行不同程度的保护，是否有违公平。因为，如若试图在恶意透支型信用卡诈骗罪的解释中引入被害人信条学作为存在发卡银行过错时行为人的出罪事由，就需要对被害人信条学的抨击予以回应，这具体需要回答以下两个问题，第一，被害人发卡银行核实风险、回避风险是不是发卡银行于具体交易中的谨慎义务的内容；第二，各发卡银行的自我保护可能性是否处于同一水平。如果对这两个问题持肯定回答，则代表在恶意透支型信用卡诈骗罪中引入被害人信条学是可行且合理的。而本书将于下文对这一问题进行详细论述。

第三节　发卡银行过错对定罪的作用分析

通过上文的论述，本书认为发卡银行过错与被害人信条学是有着高度契合性的，应当考虑以被害人信条学中的被害人能否自我保护这一标准作为存在发卡银行过错情形时，影响对恶意透支型信用卡诈骗罪定罪的理论根源。但是，理论对被害人信条学的质疑是客观存在的，也是切实能够影响被害人信条学根基的"稳定性"的。因此，若想以被害人信条学为基础，展开发卡银行过错对定罪作用的分析，则必须对质疑进行回应。因此，通过论述发卡银行存在谨慎义务的来源以及风险识别能力的判断对质疑进行回应，确立被害人信条学作为恶意透支型信用卡诈骗罪解释原则的根基以及在此基础上发卡银行过错如何影响恶意透支型信用卡诈骗罪定罪的是本节的重点内容。

一　发卡银行谨慎义务来源

（一）探讨发卡银行义务来源的必要性

论证被害人信条学作为恶意透支型信用卡诈骗罪的解释原则，就必然要探讨被害人发卡银行的自我保护可能性。如果认为被害人发卡银行于行为人实施欺骗行为时具有自我保护可能性,从法律角度而言,被害人就具有一定的谨慎义务。具体而言,刑法作为一种行为规范,旨在通过罪刑规范向国民传达刑法禁止人们做什么,需要人们在某些情况下必须做什么。于被害人信条学的视阈下,被害人在具体犯罪中能够核实风险、消解风险就是刑法期待被害人在特定条件下做的事情。如果被害人违反了法对他的期待,那么则可以肯定被害人过错的存在,认为被害人放弃了对其法益的保护,以此影响对行为人不法的判断与犯罪的成立。那么,这就对被害人在某些情况下需要做什么或不应该做什么赋予了一定的谨慎义务。谨慎义务的提出,目的就在于通过刑罚的适用改变、塑造社会人之行为模式,促进社会福利的最大化。① 需要特别说明的是,本书中所论述的被害人的谨慎义务,不同于过失犯中的注意义务,不是刑法意义上的注意义务,而是类似于民法上的谨慎注意义务,是对防止损害自己法益的义务,是一种自我保护的义务。② 但是,当谈及被害人应负有一定注意义务时,应格外审核,因为若不当扩大被害人的义务来源,不仅是对被害人的一种苛求,使被害人背上沉重的包袱,侵犯被害人的权利,更会在司法裁量中有失偏颇,使行为人的罪刑不适当,甚或逃脱法律的制裁。那么,具体在恶意透支型信用卡诈骗罪中,在发卡银行开展信用卡业务的过程中,要求发卡银行可以做到识别具体交易中的风险并消解这种风险,是否是一种对被害人的过高期待?换言之,要求发卡银行可以识别信用卡交易中的风险并且化解风险是不是发卡银行开展信用卡业务谨慎义务的具体内容。若要在恶意透支型信用卡诈骗罪中肯定被害人信条学可以作为基本的解释原则,进而影响对被害人法益自我保护可能性的判断,就要论证发卡银行在具体交易中识别风险、核实风险、审慎经营的义务来源,即发卡银行自身本是追求利益的市场参与者,为什么不可以为了追求一定的利益而放松对发卡环节的审核,放松

---

① 刘军:《刑法学中的被害人研究》,博士学位论文,吉林大学,2010年。
② 参见黎宏、刘军强《被害人怀疑对诈骗罪认定影响研究》,《中国刑事法杂志》2016年第6期。

对日常的监管；发卡银行不审慎经营信用卡业务对金融市场以及经济发展有什么影响。本书将从发卡银行于金融市场中的地位与影响这一维度对这个问题进行回答。

(二) 发卡银行于金融市场中的主体地位

于当下经济环境中，可以说金融市场中几乎全部的金融活动都是围绕着金融机构而展开的，没有各金融机构，金融活动也将停摆。而银行作为一国经济中规模最大的金融中介机构，在金融体系中居主导地位，应当受到最为密切的关注。银行处于当代市场经济中信用经济运行的中心环节，吸收存款和发放贷款是银行的核心功能，银行开展的一系列金融业务与金融服务都是以吸收存款和发放贷款为前提而进行的。银行基于其庞大的信用中介功能不仅动员了再生产循环周转过程中各个环节的大量社会闲置资本金，再以货币资本方式融资运作于生产流通循环过程之中，并且还将已经退出生产流通领域的各个阶层居民消费性收入也动员集中起来，重新运作于再生产过程之中，变消费为资本。当代市场经济中，银行的功能犹如一台强力涡轮机，将社会经济中一切领域、一切环节的闲置资金吸纳起来，再以资本的方式运作于市场经济之中，使经济的运行发展更具效率。无法想象，如果没有银行，现代企业、政府、居民家庭部门将如何正常运转。[①]

但是，银行于金融市场之中并不总是为经济发展带来正向的、积极的影响。马克思研究认为，信用规模过度扩张会导致经济危机的发生，因此，借贷资本在通过银行信用转化为产业资本的规模应控制在一定限度内。[②] 具体而言，基于银行于金融市场中无可动摇的主体地位，以及当下国家对互联网金融点对点借贷平台和民间融资严格管制的法律背景之下，于我国当下的经济环境中，商业银行实际上承载了经济运转的绝大部分信贷与融资活动。这也就导致了新时代下我国经济快速发展，新

---

① 参见牛江涛、田秋生《当代市场经济运行的信用经济本质剖析——美国"次贷"危机引发的经济学暨政策思考之一》，《东北亚论坛》2009年第4期。
② 邢永俐：《信用利益论》博士学位论文，复旦大学，2013年。

兴金融机构或互联网金融也如雨后春笋般不断产生，但当企业和个人进行社会活动时一旦出现资金需求，仍然主要以向商业银行申请信用贷款为主要的融资方式。近年来，我国金融经济活动逐渐向社会各个领域不断纵深发展，而在建设新领域、发展新领域的过程中所需的资金也日益增多，这一日益增加的资金需求直接扩大了商业银行的信贷资产业务。经济社会中的企业和个人对资金的大量需求，以及商业银行承担社会融资的主要工作的这一现实，使商业银行的贷款规模激增，由此带来的自然是信贷风险的随之攀升。

（三）发卡银行不审慎经营信用卡业务引发的危害后果

目前来说，信贷业务仍然是商业银行的主营业务，贷款在商业银行总资产中占比均达到60%以上。[1] 一旦商业银行向个人和企业发放的信用贷款不能按期全部收回，这些贷款就变成了商业银行的不良贷款，使银行资产在未来时期内预期收入遭受损失的可能性升高，金融风险随之增加，对商业银行的生存，金融市场以及社会的稳定构成威胁。截至2020年二季度末，我国商业银行不良贷款达2.73万亿元，不良贷款率达1.94%，达近两年的新高。银保监会新闻发言人表示，目前的不良率水平，已接近原来设定的容忍限度，金融风险成本上升。[2] 可以看出，商业银行信贷资金业务安全运营水平能够通过金融风险的高低表现出来，进而直接影响经济金融的平稳运行。如果发卡银行不审慎经营其开展的信贷业务，不去于每一笔信贷交易中核实该交易中可能存在的风险并化解这种风险，不仅会造成银行自身的财产损失，更会给整个金融环境和社会发展带来消极的影响。银行的不审慎信贷活动造成的大规模金融危机的鲜活实例即是2008年的美国"次贷"危机，由于大批商业银行为了抢占次级房贷市场而忽视了其背后申请人资信不良的实际情况，避开法规纷纷成立独立承担债务的法人财务信贷公司和证券公司，

---

[1] 都夏：《我国商业银行的信贷风险及防范机制分析》，《财经管理》2019年第11期。
[2] 《管窥银行半年报：谁的不良贷款率最高？到哪里存款最有保障？》，南方都市报，https://www.sohu.com/a/415817376_161795，访问日期：2021年2月5日。

最终导致了申请人无法偿还贷款带来的一系列多米诺骨牌效应，造成了席卷全球的"次贷"危机。于信用卡业务来说，发卡银行的不审慎经营也会导致严重威胁金融市场运转以及社会发展的不良后果。根据央行发布的2019年《中国普惠金融指标分析报告》，2019年我国个人消费贷款继续较快增长。截至2019年末，全国人均个人消费贷款余额为3.14万元，同比增长15.96%。①而与消费信贷快速增长相对应的则是信用卡逾期的增长，根据央行发布的《2020年第三季度支付体系运行总体情况》，信用卡逾期半年未偿信贷总额10906.63亿元，环比增长6.13%，占信用卡应偿信贷余额的1.17%。②信用卡逾期率攀升所带来的信用卡危机更是席卷全社会范围，以韩国的信用卡危机为例，据统计，2003年韩国拖欠信用卡债务超过90天的持卡人已经达到韩国劳动人口的16%。2000年韩国的"信用不良者"约100万人，2003年年底达到了360万人。债务拖欠比率的激升使韩国的信用卡公司无一幸免地在2003年发生了流动性危机。③与偿还信用卡债务相关的自杀和犯罪行为不断见诸新闻。此外，在2004年中国香港地区的信用卡危机中，产生了高达592亿港币的信用卡消费信贷余额以及13.45%的呆账率，经债务人申请宣布破产案例迅速升至25328件。类似的还有中国台湾地区的信用卡危机，2006年台湾地区信用卡呆账率升至7.84%，核销呆账共计1165亿新台币。④"卡奴"在社会公司的逼债下走投无路，自杀、抢劫、贩毒等恶性事件以及相关犯罪接连发生。⑤而上述国家以及地区

---

① 《中国普惠金融指标分析报告（2019年）》，中国政府网，http://www.gov.cn/xinwen/2020-10/16/5551834/files/6965d1041c5446029297bff94ee6cbf4.pdf，访问日期：2021年2月27日。

② 《2020年第三季度支付体系运行总体情况》，中国人民银行网，http://www.pbc.gov.cn/goutongjiaoliu/113456/113469/4133711/2020112609032935245.pdf，访问日期：2021年1月5日。

③ 参见马向军《韩国信用卡危机对我国信用卡发展的启示》，《中国城市金融》2005年第6期。

④ 参见虞云、张倩、戴彬《信用卡危机的国际比较研究》，《中国物价》2020年第4期。

⑤ 参见雷鹏、杨帅《应对信用卡危机的经验与启示——基于日本、韩国、中国台湾的比较分析》，《银行家》2019年第7期。

信用卡危机背后的原因，都离不开发卡银行不审慎经营信用卡业务、为了盲目追求市场占有率而松懈自身信用卡业务管理这一主要因素。这背后的逻辑在于，如果发卡银行不谨慎经营，没有尽到自身核实风险、化解风险的自我保护义务，以"放任"的态度追求信用卡发卡量、使用率以及利息收入的"野蛮式"增长，隐藏在发卡银行短暂的高额利息收入之下的不只是发卡银行自身的资产遭到损失，呆账率激增，更是社会范围内的信用卡逾期率的高速增长以及由此引发的信用卡危机。而发卡银行审慎经营更是从信用卡法律规范中可以合理引申出的对商业银行开展信用卡业务的基本前提，发卡银行能够审慎经营、化解信用卡风险本身就是法律对发卡银行的期待与要求。①

综上所述，发卡银行本身就是具有谨慎经营、防范风险义务的被害人，商业发卡银行的审慎经营、核实信用卡交易中的风险、化解风险是银行开展信用卡业务的应当遵守的谨慎义务。其义务来源在于发卡银行于金融市场中不可比拟的主体地位，发卡银行承担了金融市场中绝大部分的信贷活动和融资活动。因此，发卡银行不审慎经营信用卡业务所造成的危害后果不仅是对自己利益的侵害，更会引发社会范围的金融风险和一系列的社会危害后果，由此成为了发卡银行审慎经营信用卡，识别风险，化解风险义务的来源根据，并构成了判断发卡银行具有自我保护可能性的基础前提。

二 发卡银行风险识别能力判定

(一) 探讨发卡银行风险识别能力的必要性

诈骗罪中被害人的自我保护可能性受到被害人不同识别能力的影响，通常来说，被害人的识别能力越高，其对行为人实施的诈术的怀

---

① 《商业银行信用卡业务监督管理办法》第四条规定："商业银行经营信用卡业务，应当建立健全信用卡业务风险管理和内部控制体系，严格实行授权管理，有效识别、评估、监测和控制业务风险。"第四十条规定："发卡银行应当建立健全信用卡申请人资信审核制度，明确管理架构和内部控制机制。"

疑程度就会越高。而根据被害人信条学，被害人对具体事项的怀疑程度越高，就越能够期待被害人可以自我保护。于一般诈骗罪中，因为个案当中的被害人的识别能力有高有低，能够影响被害人识别能力的客观因素也不尽相同，这就会一定程度上导致具有不同识别能力的甲与乙两个被害人在面对同一行为人的相同行为时，将得到刑法上的不同评价，由此会引起刑法规范效力处于不稳定的状态。那么如果要论证被害人信条学作为恶意透支型信用卡诈骗罪解释原则的可行性，就要探讨于恶意透支当中，各发卡银行是否具有识别风险的能力以及各发卡银行是否具有统一化的识别能力。如果发卡银行具有识别风险的能力且各发卡银行识别风险的能力处于一个较为统一的水平，那么在发卡银行已经识别到风险却为了更高的利益不识别风险、不化解风险时，就可以认为发卡银行能够自我保护而放弃了自我保护，那么刑法也就没有对其法益进行保护的必要性了，由此影响对行为人的不法判断。因此，本节的重点内容在于论证作为恶意透支中的被害人发卡银行是否具有识别信用交易中存在交易风险的能力以及各发卡银行是否具有较为统一的识别能力。

（二）发卡银行的内部风险识别工具

在市场经济环境下，没有任何一家发卡银行开展信贷业务是可以实现"零风险"的，也没有任何一家发卡银行以"零风险"为开展信贷业务的风险管控目标。但是，发卡银行可以通过发展、完善自身的信贷风险管理来控制信贷风险、降低风险，这也是发卡银行开展信用卡业务所应完成的"必修课题"。对于发卡银行开展信用卡业务而言，其具备于内于外两个方面的风险识别工具。首先，于发卡银行的外部环境而言，我国的社会信用体系已进入了高速发展阶段，中央和地方政府都加速推进社会信用体系建设。截至2008年，人民银行组织商业银行建成的企业和个人征信系统，已经为全国1300多万户企业和近6亿自然人建立了信用档案，依法为政府部门、金融机构、企业及个人提供企业信用报告和个人提供信用报告查询服务。① 而在已被收集的信息中，更主要包含着信用卡相关信息，例如发卡银行、授信额度、还款记录等，发卡银行通过对征信信息的仔细审核来判断申请人信用风险情况，根据对申请人风险的评级与判断做出是否发放信用卡或对其停卡处理，保障自身权益的决策。征信体系的不断发展为商业银行开展信用卡业务的风险识别提供极大的信息帮助，只要发卡银行利用好征信体系的信息数据，其开展信用卡业务的风险性将从源头得到一定的有效控制。此外，于发卡银行外部环节而言的社会征信体系是各发卡银行开展信用卡业务时必须使用的一种风险识别工具，《商业银行信用卡业务监督管理办法》更是要求开展信用卡业务的商业银行必须接入征信系统，利用征信信息对申请人或持卡人的信息进行风险识别。② 因此，在这一点上来说，各发卡银行外部的风险识别能力是统一、不存在任何差别的。

（三）发卡银行的内部风险识别工具

其次，于发卡银行的内部环境而言，当下发卡银行的内部风险管控工具已经可以实现帮助发卡银行有效识别信用卡交易的部分风险。对于发卡银行来说，防止恶意透支，更现实地来讲，控制恶意透支即坏账的比例本身就是银行开展信用卡业务过程中必不可少的一环，而设计并完善金融产品、控制信贷风险更是商业银行开展信贷业务的基础环节。这其中，控制信贷风险的关键就在于发卡银行识别信用交易中信用风险的能力。对于开展信用卡业务的发卡银行来说，其作为经济生活的微观主体，也许无法通过改善企业外部环境，例如政治环境、社会环境、技术环境、经济环境来控制其信用卡业务的外在风险，但是于银行内部，发

---

① 《央行征信系统已为近6亿自然人建立信用档案》，中国人民银行官网，http://www.pbc.gov.cn/redianzhuanti/118742/118720/119459/2897745/index.html，访问日期：2021年4月28日。

② 《商业银行信用卡业务监督管理办法》第十八条第二款规定："商业银行开办信用卡发卡业务应当具备办理零售业务的良好基础，最近3年个人存贷款业务规模和业务结构稳定，个人存贷款业务客户规模和客户结构良好，银行卡业务运行情况良好，身份证件验证系统和征信系统的连接和使用情况良好。"

卡银行可以通过对内部操作风险的管控来提高自身风险识别能力，以降低信用卡业务的风险性。从管理过程看，定性管理、初步量化和精确化管理是我国发卡银行开展信用卡业务内部风险管理所完成的风险管控进程。为了提升自身的风险识别能力和风险化解能力，减少发卡银行内部的操作风险，当下发卡银行已逐步应用了数字化、模型化的智能风险管控工具。而随着《新巴塞尔资本协议》在我国的实施，[①] 2010 年底工农中建交以及招商 6 家银行开始申请实施新资本协议，新资本协议鼓励商业银行使用内部模型计量风险，将风险运用数学模型精确量化，[②] 目的是进一步的提升发卡银行内部的风险识别能力。由此，各类估值定价和风险计量模型也开始在我国商业银行得到大量广泛应用，发卡银行的风险管理能力和水平获得了较大提升。同时，基于我国当下大数据的广泛发展，发卡银行纷纷将大数据运用到其风险管控之中，建立起了基于大数据云计算的信用卡风险管理平台。在平台的有效运用之下，能够实现实时、全流程的信用卡风险管控。通过大数据云计算平台可以完成集中式发卡审批、用卡过程动态监测，实现全面、实时监测持卡人信用风险的任务，形成闭环监测的风险管控体系。利用大数据云计算平台采用了极高精度的风险建模，发卡银行可以实现准确识别申请人收入水平、动态审查申请人的资信水平变化情况。此外，基于大数据云计算平台对持卡人习惯性数据逻辑性分析的功能，其对持卡人的风险水平识别的判断更加专业精准、贴近实际。具体而言，利用大数据云计算平台，发卡银行可以及时发现持卡人用卡过程中的用卡大幅度变化以及其他与持卡人用卡习惯存在明显出入的一切情况。当平台识别到持卡人用卡异常、风险升高的情况，会主动提醒或自动采取措施进行风险防范，将信用风险

[①] 巴塞尔委员会已成为当下事实上的银行监管的国际标准制定者，由其制定的国际协议旨在通过对商业银行计算信用风险加权资产和操作风险加权资产的规范，来约束商业银行内部建立完整而全面的风险管理体系，来以此达到保证全球银行体系稳健经营的目的。参见唐国储、李选举《新巴塞尔协议的风险新理念与我国国有商业银行全面风险管理体系的构建》，《金融研究》2003 年第 1 期。我国已于 2007 年正式启动了实施《巴塞尔新资本协议》的工程。

[②] 参见刘超《商业银行风险管理模型的性质及启示》，《上海金融》2011 年第 3 期。

控制到最低,例如提示、报警或冻结持卡人信用卡。① 基于此,可见当下发卡银行内部的信用卡风险管理机制及技术已经较为成熟、完备,虽然各风险模型存在着难以预测所谓的小概率极端市场情况以及并非所有的风险都是可用模型进行量化的客观缺点,② 但仍然可以在审核申请人信息以及全程掌握持卡人用卡状况等方面有效帮助发卡银行提升自身识别风险以及化解风险的能力。目前来说,各商业银行于内部风险管控虽然有不同的侧重点,但是风险管控能力处于同一水平,我国各发卡银行基本具有较高且统一的识别风险、化解风险的能力。

综上所述,基于恶意透支信用卡诈骗罪被害人的特殊性,发卡银行与一般的诈骗罪或财产犯罪的被害人不同,其具有相当高水平的风险识别能力。具体来说,发卡银行具有于内于外两个层面的双重风险识别工具,保障其能够在具体的信用交易中拥有较强的风险识别、风险化解能力,且各银行之间风险识别能力基本处于持平。因此,可以认为恶意透支中的被害人发卡银行在面对行为人的恶意透支行为时具有较强的自我保护可能性,当发卡银行明明可以识别到交易风险,却为了实现自身更高的利益而放任风险发生时,可以说明发卡银行已经放弃了自我保护,其法益不具备值得保护性和需保护性,刑法也无须对其法益进行保护。此外,作为恶意透支被害人的发卡银行有着与其他关系犯被害人相区分的特殊性,亦即,虽然在个案中的发卡银行可能不尽相同,但是其本身都是具有能够开展信用卡业务的、居于金融市场主导地位的经济主体,具备市场同等水平的风险管控能力是开展信用卡业务的基本前提。因此,在恶意透支型信用卡诈骗罪的个案认定中,可以认为被害人能够识别、化解交易风险并不是只是概率事件,刑法对各发卡银行是否能够进行有效的自我保护有着统一的判断标准,在对待不同的发卡银行面对同一行为人的相同行为时,刑法会做出统一的评价,不会使规范效力处于

---

① 参见薛喜梅《基于大数据云计算的信用卡风险管理平台研究》,《中国经贸导刊》2016年第26期。

② 何自云:《量化管理:商业银行依然面临的挑战》,《农村金融研究》2010年第7期。

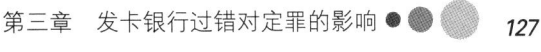

不稳定的状态当中。

三 发卡银行过错应当作为出罪事由

通过论述发卡银行谨慎义务来源以及发卡银行风险识别能力对被害人信条学的抨击进行有力回应,被害人信条学作为恶意透支型信用卡诈骗罪的解释原则已不再有理论或适用效果上的障碍。那么恶意透支型信用卡诈骗罪中发卡银行的过错于刑法教义学中的实质内涵就是发卡银行具有自我保护性但不去自我保护,因此被害人的行为得到了刑法的否定评价。被害人信条学并非是一个纯粹通过逻辑演绎的方式推导结论的一种理论模型,而是提供一种对行为人不法判断的思考方式,其理论重点在于在判断行为人不法时,要全面地观察所要评价的对象间互动的过程。考量行为人与被害人互动的情形,只有由此原则所得出的结论,才能确定被害人是否必须负责。① 在被害人信条学的视阈下,当发卡银行存在具体的过错时,发卡银行不值得保护也不需要保护,刑法无用武之地,应当将发卡银行存在过错的情形排除在刑事可罚性的范围之外,亦即,发卡银行的过错可以阻却行为人的不法。那么,恶意透支型信用卡诈骗罪中的发卡银行的过错本质就是一种违法阻却事由,于司法适用而言,是行为人得以判定无罪的出罪事由。

而将发卡银行过错作为恶意透支型信用卡诈骗罪的出罪事由,其范围适当,司法实务认定被害人过错的路径明确,不会造成被害人过错的范围无边无际,侵害被害人的权利的结果。诈骗罪中,被害人信条学理论判断被害人是否具有自我保护可能性的切入点即是发卡银行陷入认识错误与产生具体怀疑之间的区分。于恶意透支型信用卡诈骗罪当中,就是通过被害人发卡银行是否真的陷入了认识错误还是已经对行为人的欺骗行为产生了具体怀疑来判断发卡银行法益受损的结果是发卡银行放弃了自我保护的风险投机行为所导致的,还是陷入认识错误而处分财产的

---

① 于小改:《被害人对于欺骗行为不法的作用》,《中国刑事法杂志》2012 年第 5 期。

行为所导致的。详言之，在恶意透支型信用卡诈骗罪的语境中，恶意透支的欺骗行为、被害人陷入认识错误、被害人处分财产以及它们之间的因果关系具体表现为下述场景：根据信用卡的交易规则和行为人与发卡银行签订的申领条约，行为人的每一笔透支消费都包含了关于其具有还款意愿和还款能力的意思表示内容，当其本身不具有还款意愿和还款能力却依然使用信用卡进行透支消费的情况下，构成欺骗行为。发卡银行基于信用交易规则、与行为人签订的申领条约以及其自身的风险管控机制，相信行为人使用信用卡进行的每一笔消费后会按照约定进行还款，由此陷入认识错误—发卡银行通过银行卡清算机构进行了财产处分—行为人取得财产—发卡银行财产遭到损失。而被害人信条学的理论重点即是被害人是否真的陷入认识错误，还是已经产生了具体怀疑，判断被害人是否陷入认识错误的标准就是发卡银行是否真的确信行为人持信用卡进行透支消费后可以按照申领协议如约归还。而在恶意透支型信用卡诈骗罪的司法实践中，于具体案件中适用发卡银行过错这一出罪事由，判断发卡银行是否真的确信行为人持信用卡进行透支消费后可以按照申领协议如约归还的本质是一种事实判断，判断标准较为简单，不会给裁判者增添审判负担。也就是说，发卡银行过错作为一种出罪事由，其背后的逻辑与具体判定方法可以很好地融入于恶意透支型信用卡诈骗罪的司法适用当中，为具体案件存在发卡银行过错情形时应如何认定，以及发卡银行过错如何影响行为人的定罪指明了方向。

第四章　恶意透支型信用卡诈骗罪入罪与出罪双轨制司法适用路径

刑法介入恶意透支的过程是审判者刑法观念的具体反映，为了保障双重法益下的入罪限制以及发卡银行过错这一出罪事由基础上所建立的入罪限制与出罪拓宽的双轨制路径于司法上的充分适用，必须从根本上转变刑法观念。具体而言，司法适用需要以刑法谦抑性为指导，裁判者只有在正确的刑法理念的指导下，才能保证通过在裁判中重视恶意透支型信用卡诈骗罪保护法益对实质违法性判断的影响以及发卡银行过错对行为人不法判断的影响，由此做出的裁判才能使恶意透支型信用卡诈骗罪的司法适用更符合经济发展需求，判决结果更具妥当性。

而所谓刑法谦抑，是指刑法应当作为社会抗制违法行为的最后一道防线，能够用其他法律手段调整的违法行为尽量不用刑法手段调整，能够用较轻的刑法手段调整的犯罪行为尽量不用较重的刑法手段调整。[1] 就谦抑性于刑法中贯彻落实而言，刑事立法是刑法谦抑实现的基础，而司法则是刑法谦抑实现的关键，这不仅表现在立法者追求公正的意图最终要通过司法来实现，更重要的是经过司法能动地过滤和调节，立法者所追求的抽象的一般公正，转化为现实的个别公正。[2] 那么，根据刑法谦抑性的补充性、不周全性的核心内涵，将刑法谦抑性理念贯彻于司法

---

[1] 梁根林：《非刑罚化——当代刑法改革的主题》，《现代法学》2000年第6期。
[2] 万选才：《刑法谦抑的司法实现》，博士学位论文，武汉大学，2012年。

实践当中，其发挥的作用主要在于判断是否应该适用刑法，以及避免司法适用的肆意扩张或限缩。其中，对于是否适用刑法来说，刑法谦抑性理念的价值在于通过引导裁判者考虑某一法益是否具有刑法保护的价值来确保的刑法适用的准确性与有效性。一般来说犯罪是对法益的严重侵害或对重要法益的侵害，如果行为不具有法益侵害性，则不能作为犯罪予以处理，不能对其适用作为社会保护最后一道防线的刑法。而对于避免司法适用任意扩张这一层面来说，刑法谦抑性理念的实现在于确保司法适用的应然范围，亦即，在对具体犯罪的审判中，裁判者应该考虑刑法是否是规制该违法行为的唯一手段或最优手段，探究除刑法以外的法律手段对违法行为调整的可能性是刑法谦抑性于司法适用中的题中应有之义。

于恶意透支型信用卡诈骗罪的司法实践中，坚守刑法谦抑性更有利于保障双重法益限制入罪的功能以及通过被害人信条学的引入建立出罪事由的双轨制路径的实施与落实。具体而言，在刑法谦抑性理念的指导下，对一罪保护法益的衡量与判断是保证刑法适用准确性与有效性的关键。于刑法谦抑性之中，保护法益对于认定犯罪的重要性被显著提升，裁判者在认定恶意透支型信用卡诈骗罪的过程中，为了确保适用刑法的准确性与妥当性，就必然要考虑行为人的行为是否侵犯了法益，该法益是否值得被刑法保护。刑法谦抑性理念强制性地将保护法益纳入裁判者的审判视野内，成为了认定行为人实施的符合构成要件行为是否具有实质违法性的关键判断因素。而对于通过发卡银行过错建立的出罪事由层面来说，刑法谦抑性是引入被害人信条学的必要前提，是被害人信条学得以存在、适用的土壤。可以说，没有刑法谦抑性、没有刑法的最后手段性思维，就没有被害人信条学的生存空间。只有在刑法谦抑性的指导下，裁判者才会在具体案件的审判中探究是否具有适用其他法律手段而非刑法的可能性，才会探讨作为被害人的发卡银行于行为当时是否具有自我保护可能性。综上所述，只有坚守与强调刑法谦抑性的前提下，司法适用才能通过衡量保护法益的重要性，被害人自我保护可能性来调整刑法介入经济生活的程度，明确恶意透支型信用卡诈骗罪认定、解释与审判的具体方向。

第一节 双重法益下构成要素的重新解读与认定

一 "信用卡"概念的重新界定

根据本书第一章对恶意透支型信用卡诈骗罪司法实践问题的梳理可以发现，司法适用中存在着对信用卡认定的争议，具体表现为信用卡专项分期以及现金分期等依托于信用卡衍生的相关业务是否属于信用卡的一种，可否作为信用卡予以认定。而这一问题的根本在于如何理解"信用卡"的概念。立法解释通过信用卡具备的功能作为认定信用卡的标准，但仅根据信用卡应具有的功能对信用卡概念进行界定的这一做法不能解决司法适用中存在的信用卡专项分期是否属于信用卡的一种的争议。对构成要件要素的解读不能只停留于字面含义，或者通过该要素于日常生活或经济生活中应作何理解，而是应该通过恶意透支型信用卡诈骗罪双重保护法益的指导来探究其实质内涵。

（一）双重法益下信用交易范围的限缩

根据本书第二章的论述，恶意透支型信用卡诈骗罪的保护法益是发卡银行的信用利益以及财产。如若从保护发卡银行财产这一单一维度出发，对信用卡的解释自然只围绕着行为人给发卡银行造成了财产损失而进行，而解释结论必然是只要借由信用卡这一媒介给发卡银行造成财产损失的，都是对恶意透支型信用卡诈骗罪保护法益的侵犯。而信用卡专项分期以及现金分期本身是信用卡消费支付功能的延伸，对信用卡这一构成要件要素认定无误，可以将行为人具有非法占有目的的对信用卡专项分期或现金分期业务不还的行为认定为犯罪，这也是当下司法实践的主流做法。但是，这一解释结论忽视了恶意透支型信用卡诈骗罪的保护法益是双重法益，无视了恶意透支型信用卡诈骗罪侵犯信用利益的经济犯罪面向，其解释结论不具有全面性。在恶意透支型信用卡诈骗罪双重保护法益的指导下，对信用卡概念的认定不能只以能够保护发卡银行财产为主，更要使信用卡的概念能够涵盖恶意透支型信用卡诈骗罪保护信用利益的一面。具体而言，信用利益是各经济主体于信用交易中期待实现的利益，信用交易是信用利益产生的前提。对信用卡概念的界定与厘清，离不开对信用交易的探讨。而基于刑法的谦抑性，作为社会治理的最后一道防线，刑法只能保护那些通过其他手段无法保护，急需刑法予以保护的法益。具体到信用交易中，信用卡交易作为信用交易特征在于持卡人只凭发卡银行对持卡人自身信用的评价即可获得相应的信用额度；而一般的信用贷款，例如房贷、车贷、个人经营贷款的信用交易特征在于贷款人需要将房产、车产抵押给发卡银行才能获得贷款审批。因此，在一般信用贷款中，如果贷款人出现违约，不再归还贷款，发卡银行仍然可以通过处理抵押物的方式来保障自己的财产安全以及信用利益的实现。但是在信用卡交易当中，持卡人申请信用卡时没有向发卡银行提供任何的抵押物或担保物，信用是其唯一的"担保工具"。那么，一旦持卡人出现恶意透支，发卡银行不能通过其他手段（发卡银行陷入认识错误的情形下）来保障自身的财产安全以及信用利益的实现。因此，应对信用交易进行限缩解释，刑法所保护的信用利益，是指经济主体之间只基于信用为担保而达成的信用交易。在信用交易被限缩解释了的情况下，信用利益相应地也要随之进行限缩解释，亦即，只有经济主体期待通过单纯基于信用为担保而达成的信用交易而实现的利益。那么，在信用利益的指导下，"信用卡"的概念得以被进一步厘清。

（二）双重法益下界定"信用卡"概念的进路

本书认为，通过信用利益这一法益指导信用卡概念界定的第一步在于舍弃通过具体功能或特性的有无来认定信用卡概念的传统进路。当下各发卡银行不断发展信用卡新型业务，以信用卡为依托的消费金融服务不断衍生给恶意透支型信用卡诈骗罪司法适用带来较大挑战。而面对金融创新带来的难题，即使放弃立法解释以消费支付、信用贷款、转账结算、存取现金等全部功能或者部分功能认定信用卡的规定，转向通过《商业银行信用卡业务监督管理办法》中仅以"具备授信额度"和"透支功能"对信用卡两个基本功能描述的规定来认定某一业务或电子卡片是否属于信用卡或信用卡业务仍然是不够清晰的。① 具体而言，以信用卡为依托而发展的消费金融服务必定是"消费支付"和"信用贷款"这两种功能的延伸，无论是信用卡基本的透支消费，还是信用卡专项分期或是现金分期，其本质都是发卡银行基于一定的条件对持卡人赋予具体的授信额度，持卡人可以通过使用信用额度进行对一般物品或特定商品的透支消费。换言之，"消费支付"和"信用贷款"本身就是信用卡的基本功能，通过信用卡发展的各项业务必然要通过这两项功能才得以实现，那么通过信用卡某种功能的有无作为认定信用卡的标准无法界分信用卡和以信用卡形式发放的贷款之间的区别。

（三）双重法益下信用卡业务性质的划分

基于此，本书认为，以信用利益法益为指导，认定某电子卡片或某种信用卡业务是否属于恶意透支型信用卡诈骗罪当中的"信用卡"的核心在于该电子卡片或者依附于该卡片而存在、发展的相关业务的申请或获批是否需要行为人提供除其自身信用以外的抵押物或担保物。易言之，在认定"信用卡"时，无须考虑电子卡片或具体信用卡业务的还款期限、刷卡额度、利息的产生来源或是用途限制，行为人自身的信用是否是其获批信用卡或信用卡专项分期、现金分期业务的唯一条件才是认定"信用卡"的关键。具体来说，可以通过持卡人与发卡银行之间签订的信用卡申领条约或者专项分期或现金分期业务约定条款予以判断，如果在条约中存在发卡银行债权保全措施的相关条款，或者持卡人与发卡银行之间额外签订了分期抵押合同，则可以认定该业务已经超脱

---

① 《商业银行信用卡业务监督管理办法》第七条规定："本办法所称信用卡，是指记录持卡人账户相关信息，具备银行授信额度和透支功能，并为持卡人提供相关银行服务的各类介质。"第八条规定："本办法所称信用卡业务，是指商业银行利用具有授信额度和透支功能的银行卡提供的银行服务，主要包括发卡业务和收单业务。"

了信用卡只凭借持卡人信用就可实现透支消费的信用交易的本质,其实质是发卡银行通过信用卡形式发放的贷款。详言之,以建设银行信用卡购车专项分期业务为例,持卡人若想申请该银行的信用卡购车专项分期业务,则需要配合建设银行在指定日期内完成相关的抵押手续,并通过建设银行的信用卡归还欠款。① 那么信用卡购车专项分期并不是仅基于持卡人信用就得以进行的一种信用交易,而是基于持卡人信用以及抵押物等多种条件才完成的贷款业务,信用卡只是方便其还款的一种工具。而在信用利益的指导下现金分期业务的性质也得到了确认。以中信银行的新快现和续金宝业务为例,持卡人若想申请该银行的新快现和续金宝业务,不能向发卡银行申请额外的信用额度,而是将自己名下的信用卡中剩余的信用额度转到借记卡中,持卡人可以使用借记卡中的资金完成消费或者体现,并对提出的资金进行分期还款。② 中信银行审批现金分期业务的基础是持卡人所有的信用卡的信用额度,持卡人的信用是其通过审批的唯一条件。因此,现金分期业务的性质是信用卡,恶意透支现金分期业务不还的,构成恶意透支型信用卡诈骗罪。此外,根据信用利益的指导,还可以准确区分信用卡消费专项分期与汽车、房屋消费分期之间的本质。易言之,对信用卡消费分期的性质不可一概而论,实践中还存在着大量的信用卡消费专项分期,对其性质的认定仍然需要以信用利益为指导才能得出正确的结论。以渤海银行的信用卡消费专项分期业务为例,发卡银行根据对持卡人信用的评价,授予持卡人在其自身持有的信用卡授信额度之外的大额专项分期额度,持卡人只能在发卡银行指定的商户内使用大额专项分期额度消费。从《渤海银行信用卡专项分期

---

① 根据《中国建设银行龙卡信用卡购车分期业务约定条款》,申请人为购买车辆而办理抵押模式购车分期的客户,应在十五个工作日内配合中国建设银行完成抵押,并将抵押登记证书(证明)交给中国建设银行保管。如出现申请人不配合完成抵押手续的情形,中国建设银行有权要求申请人一次性偿还全部剩余欠款,包括但不限于本金、手续费、利息、违约金等全部应还款项。建设银行官网,http://creditcard2.ccb.com/cn/creditcard/installment/car/fqgl/operation_clause.html,访问日期:2021年3月7日。

② 详见《中信银行信用卡(个人卡)领用合约补充协议(新快现及续金宝产品)》,https://creditcard.ecitic.com/heyue/pc/xinkuaixian.html,访问日期:2021年3月17日。

业务约定条款》中可以发现，发卡银行是否批准持卡人申请额外额度的唯一标准就是持卡人自身的信用状况，不需要持卡人提供任何抵押物或担保物。① 因此，信用卡消费专项分期业务的本质是信用交易，可以将其认定为信用卡。

综上所述，在信用利益的指导下，恶意透支型信用卡诈骗罪的司法实践中，对信用卡进行认定的重点不在于该业务是基于信用卡的何种功能才得以实现，而在于判断该电子卡片或以信用卡为依托的金融消费业务是否单纯基于行为人自身的信用才得以获批与进行。易言之，某种电子卡片或者以信用卡为依托的某种业务的本质是否是信用交易，是实务中认定信用卡的核心。此外，以信用卡为依托的消费金融产品正在不断地推陈出新，未来将有更多、更丰富的消费金融产品进入金融市场，更会给恶意透支型信用卡诈骗罪的司法认定提出新的挑战。但是，只要坚持以恶意透支型信用卡诈骗罪保护法益之信用利益为指导，无论以信用卡为依托的消费金融产品的外在如何变化，其还款期限、刷卡额度、利息的产生或资金用途有什么更改，只要该金融产品的本质是信用交易的一种，亦即，申请人只凭借自身的信用即能获得该金融产品的使用权限，即可认定为信用卡的一种。带有非法占有目的地使用该金融产品，超过规定期限不予归还的，且经过发卡银行两次催收后超三个月仍未归还，就可认定为恶意透支型信用卡诈骗罪。通过这一方法，可以将不属于信用交易的以信用卡形式发放的贷款或其他金融消费业务排除在恶意透支型信用卡诈骗罪的范围之外，限缩恶意透支型信用卡诈骗罪的司法扩张，使恶意透支型信用卡诈骗罪司法适用更符合刑法的保护目的。

二 "超过规定期限透支"时间范围的限定

如本书第一章所述，在恶意透支型信用卡诈骗罪的司法实务中对

---

① 参见《渤海银行信用卡专项分期业务约定条款》，渤海银行官网，http://www.cbhb.com.cn/bhbank/S101/lingshouyinhangfuwu/xinyongkachanpin/zcytk/daefangdai/index.htm，访问日期：2021年3月7日。

"超过规定期限透支"这一要件没有具体认定，表现为只要存在行为人经催收后没有归还的事实，那么行为人"超过规定期限透支"使用信用卡的事实也相应存在，各构成要件独立性表现得极不明显。至于行为人究竟信用卡逾期多久才可以认定为"超过规定期限"，司法实践中未予过多关注。但是，"超过规定期限透支"既然作为恶意透支型信用卡诈骗罪构成要件要素而存在，于构成要件理论中，其作用在于为恶意透支型信用卡诈骗罪违法性判断提供根据，那么就不能认为该要件是没有意义，只要行为人没有还款就可以替代对该要素的证明与认定的。而对"超过规定期限透支"这一要件的忽视不只是一种司法样态，更是当下恶意透支型信用卡诈骗罪研究成果中较为薄弱、缺失的部分。作为成立恶意透支型信用卡诈骗罪必备的构成要件要素之一，"超过规定期限透支"是认定恶意透支型信用卡诈骗罪以及理论研究的重点，那么就必须对其实质内涵，主要是其期限范围予以明确。

那么，首先则需要回答"超过规定期限透支"这一要件中，"规定"指的是否就是信用卡申领条约的规定？本书认为，基于目的解释论来说，这一理解是错误的。根据本书第二章的论述，恶意透支型信用卡诈骗罪的保护法益是发卡银行的财产以及信用利益，其中，信用利益的被侵害以发卡银行受到财产损失为前提。对"超过了规定期限"的解释必须使其符合刑法的保护目的，能够体现发卡银行财产损失以及信用利益受损的一面。而在信用卡交易中，行为人出现逾期并不等于给发卡银行造成了财产损失，甚至不能说对发卡银行的财产造成了危险。更现实地来说，对发卡银行而言，其开展信用卡业务的根本目的在于实现更多的盈利，而信用卡逾期产生的利息收入是信用卡盈利的重要来源，如果所有持卡人都能够在发卡银行的"规定期限"内归还欠款，信用卡的收入则会断崖式地下跌。简言之，发卡银行是通过行为人不在"规定期限"归还欠款来实现主要盈利的。因此，"超过规定期限透支"中的"规定"不是信用卡申领条约的规定，如果以信用卡申领条约作为"超过规定期限"中"规定"的来源，不仅与刑法保护目的不符，更会导致刑法过于保护发卡银行的财产，刑法价值取向过于偏向发卡银行。"超过规定期限透支"不能照搬信用卡申领条约的规定，只要行为人出现逾期，即认定行为人"超过规定期限透支"。

其次，在本书第一章确认了"超过规定期限"的基本逻辑是行为人在一定时间范围内没有归还欠款的前提下，接下来则要回答"超过规定期限"当中的"期限"指的是多久？结合恶意透支型信用卡诈骗罪的保护法益，对"期限"的理解就需要以发卡银行财产遭到损失以及信用利益受损为指导进行展开。也就是说，超过规定期限多久才算是给发卡银行造成了财产损失，进而导致发卡银行信用利益受损。根据诈骗罪的基本法理，只要犯罪满足"行为人实施欺骗行为—对方陷入或维持认识错误—对方基于认识错误处分财产—行为人取得财产—被害人遭受财产损失"的基本构造，即可构成犯罪既遂。但是，恶意透支型信用卡诈骗罪作为诈骗罪的一种特殊类型，不仅表现在欺骗行为的特殊性，更表现在行为人取得财产与被害人遭受财产损失之间关系的特殊性。具体来说，信用卡业务本身就是一种"有借有还"式的经营模式，即使行为人在实施欺骗行为当时具有非法占有目的，确实打算在使用信用卡透支后不予归还银行相关欠款，但是在行为人取得财产之后，行为人仍然有机会改变初衷，归还相应欠款，不给发卡银行造成财产损失。这一改变初衷的机会，是信用卡业务所赋予的。以更现实、更贴近经济生活的角度来说，由于信用卡业务的本质是一种跨期交易，其时间跨越范围较长，很难说只要行为人带有非法占有目的使用信用卡进行透支消费，行为人取得了通过信用卡透支消费而得到的财物就会立刻给发卡银行造成财产损失，构成犯罪既遂。也就是说，行为人取得财产后，不代表发卡银行财产一定遭受了损失，在恶意透支型信用卡诈骗罪的基本构造中，行为人取得财产与发卡银行遭受财产损失之间还需具备一个确认行为人确实不会归还欠款的过程。这一确认行为人确实不会归还的过程的要求是信用卡业务"盈利来源逾期，损失亦来源于逾期"特质的天然延伸，信用卡业务模式下，要求通过时间期限来确认持卡人不归还欠款的行为究竟是一种持续时间较久的逾期，还是给发卡银行造成信用利益受损以及财产损失的恶意透支。只有确认了行为人确实不会归还欠款，才能认定发卡银行遭受了财产损失。那么，超过规定期限中"期限"的实质内涵就是行为人逾期超过多久没有还款，即可认定行为人不会归还欠款，进而认定给发卡银行造成了财产损失与信用利益受损的实害结果。根据《商业银行信用卡业务监督管理办法》，商业银行应当对信用卡风险资产实行分类管理，以持卡人的逾期天数为标准，将信用卡风险资产分为正常类、关注类、次级类、可疑类以及损失类五种类型。① 也就是说，只有行为人逾期天数超过180天的，对于发卡银行来说才算是确认行为人确实不会再归还欠款，将其透支本金计入"损失类"资产予以处理，明确发卡银行遭受了财产损失，信用利益受损结果确实发生。

基于此，"超过规定期限透支"这一要素被赋予了实质内涵，亦即，"超过规定期限透支"实际上是和发卡银行财产损失的认定结合在一起的，是用以认定发卡银行遭受财产损失的要素，行为人使用信用卡逾期超过180天不还的，才可认定为"超过规定期限透支"，给发卡银行造成了财产损失。行为人逾期天数不满足180天的，不能认定其满足了"超过规定期限透支"这一要件，只能认为行为人仍然处于一种信用卡逾期的状态，进而不能认定为构成犯罪。

三 犯罪数额计算方法的厘清

如本书第一章所述，在恶意透支型信用卡诈骗罪的司法适用中，对

---

① 《商业银行信用卡业务监督管理办法》第九十二条规定："商业银行应当对信用卡风险资产实行分类管理，分类标准如下：（一）正常类：持卡人能够按照事先约定的还款规则在到期还款日前（含）足额偿还应付款项。（二）关注类：持卡人未按事先约定的还款规则在到期还款日足额偿还应付款项，逾期天数在1—90天（含）。（三）次级类：持卡人未按事先约定的还款规则在到期还款日足额偿还应付款项，逾期天数为91—120天（含）。（四）可疑类：持卡人未按事先约定的还款规则在到期还款日足额偿还应付款项，逾期天数在121—180天（含）。（五）损失类：持卡人未按事先约定的还款规则在到期还款日足额偿还应付款项，逾期天数超过180天。"

行为人犯罪数额的认定存在一定的争议，主要表现如下，根据2018年的《解释》，恶意透支的数额仅包含行为人的透支本金。那么，如果行为人使用信用卡进行透支之后，案发之前曾归还了部分欠款，其中包含归还相应的利息与滞纳金的，在该案的审判中，是否应当将行为人的每一笔还款都只视为对本金的偿还，根据发卡银行提供的流水，对行为人的透支数额进行审查并重新计算。本书将以恶意透支型信用卡诈骗罪保护法益为出发点，对这一问题进行解释，明晰司法实践中对透支数额的具体认定方法。

在恶意透支型信用卡诈骗罪的司法适用中，裁判者若要明晰恶意透支型信用卡诈骗罪犯罪数额的具体认定方法，其根本在于明确发卡银行于恶意透支当中具体损失的是什么，若认为发卡银行于恶意透支当中只损失了其为行为人垫付的透支本金，则恶意透支型信用卡诈骗罪的犯罪数额就只能包含行为人透支不还的本金部分；若认为行为人拖欠的利息、复利、滞纳金、手续费也是发卡银行损失的一部分，则恶意透支型信用卡诈骗罪的犯罪数额就不只是行为人的透支本金，还包括行为人拖欠的相关款息。简言之，于恶意透支型信用卡诈骗罪的适用当中，发卡银行损失的具体内容决定了裁判者认定犯罪数额的基本逻辑。分析恶意透支型信用卡诈骗罪中发卡银行损失的具体内容，还需以其保护法益，以刑法目的论为理论起点。恶意透支型信用卡诈骗罪的保护法益为发卡银行的财产以及信用利益，其中，信用利益的受损以发卡银行遭到财产损失为前提。而行为人对发卡银行财产造成侵犯的过程主要体现为诈骗罪"行为人实施欺骗行为—对方陷入或维持认识错误—对方基于认识错误处分财产—行为人取得财产—被害人遭受财产损失"的基本构造所构建的流程。也就是说，基于诈骗罪基本构造的基础之上，从因果关系来说，被害人损失的财产就是行为人取得的财产，行为人取得的财产与被害人损失的财产应具有同一性。具体到恶意透支型信用卡诈骗罪当中，行为人具有非法占有目的地使用信用卡进行透支消费后，行为人取得了相应的现金或物品，而由于发卡银行陷入认识错误，认为行为人会按照信用卡交易规则以及双方之间的信用卡申领条约归还款项，为行为人于特约商户处垫付了款项，或为行为人于 ATM 机提供了现金，均致使发卡银行的库存现金减少。如果行为人逾期超过 180 天仍未归还相应的款项，则可以认定发卡银行财产已经遭到了损失。那么此时，发卡银行在这一过程中具体损失的就是其为行为人于特约商户处垫付的预付款或为行为人于 ATM 机提供的现金。也就是说，在行为人实施诈骗行为到发卡银行最终财产损失的过程当中，行为人没有从发卡银行处得到除了其透支本金以外的由于其逾期而产生的利息、滞纳金等相关费用；而发卡银行期待实现的利息、滞纳金等相关费用作为一种期待利益，于行为人实施欺骗行为时还并未实现或得到，更谈不上损失了。而就恶意透支型信用卡诈骗罪另一保护法益信用利益而言，信用利益是指一段时间内（一般是一个季度），发卡银行通过信用卡业务赚取的收入减去资金和运营等成本之后，得到的差额部分。因此，行为人恶意透支的行为对信用利益的侵害，不在于行为人没有缴纳因为其逾期而产生的利息、复利、滞纳金、手续费，由于行为人没有缴纳相关款息，因而信用卡业务收入维持不变。但因为行为人具有非法占有目的使用信用卡进行透支消费后没有归还其透支的本金，造成了发卡银行的库存现金的损失，导致了发卡银行开展信用卡业务的资金成本升高。在信用卡业务收入不变的前提下，发卡银行资金成本升高，由此侵害了信用利益。综上所述，在恶意透支型信用卡诈骗罪保护法益的指导下，恶意透支型信用卡诈骗罪被害人发卡银行损失的具体内容得以明确，于行为人整个犯罪过程中，发卡银行只损失了其为行为人垫付的预付款或现金，也就是行为人透支信用卡使用的本金部分，不包括行为人逾期产生的利息、复利、滞纳金、手续费。

此外，在 2009 年《解释》中，行为人得以被从轻处罚、免除处罚或依法不追究刑事责任的前提是其需归还全部款息，而于 2018 年《解释》当中，行为人获得从轻处罚、免除处罚或依法不追究刑事责任的前提变成了只需要归还全部透支本金。本书认为，对行为人从轻处罚、免除处罚或依法不追究刑事责任的前提条件的转变的根本在于有权解释机关认识到了于信用经济时代下，恶意透支型信用卡诈骗罪的保护法益已然发生变化，以行为无价值建立起的"信用卡管理秩序"法益为根基，自然导致了不须对发卡银行具体损失的内容进行审查，只要行为人侵犯了信用卡管理秩序，行为不法，就构成了恶意透支型信用卡诈骗罪。在司法适用中，是否将利息、滞纳金等计入到犯罪数额中都不违背恶意透支型信用卡诈骗罪设立的初衷，裁判者自然不会过多关注犯罪数额的计算。而在财产法益和信用利益的指导下，对犯罪数额的认定要以发卡银行于犯罪过程中的具体被侵害内容予以确定，如果将除了行为人透支本金外的其他诸如利息、滞纳金等费用认定为恶意透支型信用卡诈骗罪的犯罪数额，则与恶意透支型信用卡诈骗罪的保护法益相违背。

因此，在恶意透支型信用卡诈骗罪犯罪数额的计算中，裁判者需正确认清恶意透支型信用卡诈骗罪的保护法益，从发卡银行的财产和信用利益出发，严格将利息、滞纳金等由于行为人逾期而产生的相关费用刨除在犯罪数额的计算之外。在认定犯罪数额时，不能仅以发卡银行提供的报案材料中显示的行为人累积透支本金作为认定标准，而是应该根据行为人自申请使用信用卡至案发期间的所有银行流水，将行为人使用信用卡透支的本金进行累加。并将行为人从第一次使用信用卡透支消费起的所有还款记录不做本金与利息的区分，无论是产生逾期之前的还款还是逾期之后的还款，以及行为人全部的小额还款，将其进行全部累加。并用累加之后得到的透支本金减去所有累加之后的还款金额，由此得出的差额部分才是行为人恶意透支的本金，亦即，给发卡银行造成的库存现金损失。只有以此认定方法进行计算，才能保证将行为人于还款记录中缴纳的利益、滞纳金的费用严格排除在透支本金之外，实现计算方法与恶意透支型信用卡诈骗罪的保护目的相顺应。

四 非法占有目的的实质认定

如本书第一章所述，恶意透支型信用卡诈骗罪司法适用中存在着非法占有目的有名无实现象，具体表现为对非法占有目的没有任何认定或者仅以行为人没有归还欠款的事实来替代对非法占有目的的认定。而非法占有目的有名无实的根源在于没有以恶意透支型信用卡诈骗罪的保护法益为指导，由此造成了非法占有目的实体内涵不明，司法适用中由于不能很好地把握非法占有目的的实体内容，就会转向以更为简单的没有归还欠款的事实作为认定非法占有目的的主要依据。因此，为了强化非法占有目的的认定，充分发挥非法占有目的区分信用卡逾期与恶意透支之间罪与罪的界分功能，应从恶意透支型信用卡诈骗罪保护法益出发，探析非法占有目的的实体内涵，明晰非法占有目的实体内涵与司法解释中形式化与实质化非法占有目的的认定标准的联系。

（一）不法获利与不法所有之否定

非法占有目的作为犯罪的主观要素，是三阶层中有责性判断的重要内容，而有关非法占有目的的实体内涵历来是财产犯罪的争议"重灾区"，以大陆法系来说，在财产犯罪主观目的的设置与解释上，德、日理论之间存在着极大的差异。

德国刑法理论中盗窃罪与诈骗罪的目的并不相同，其中盗窃罪的目的为不法领得（不法所有），诈骗罪的目的为不法获利。而日本刑法理论中盗窃罪和诈骗罪的目的相同，不法领得是二者的共同目的。[1] 也就是说，诈骗罪的非法占有目的的内容是不法所有还是不法获利成为了理论争议点，而非法占有目的的实体内容的确定取决于其是否可以帮助发挥非法占有目的的设置意义，即实现此罪与彼罪、罪与非罪之间的界分功能。对于恶意透支型信用卡诈骗罪来说，就在于能够实现恶意透支与信用卡逾期之间罪与非罪的区分。

---

[1] 参见徐凌波《论财产犯的主观目的》，《中外法学》2016 年第 3 期。

首先，以不法获利意图来说，本书认为，不法获利意图无法帮助实现信用卡逾期与恶意透支界分的这一司法适用难题。所谓不法获利的意图就是指行为人积极追求自身财产总量不法增加的一种主观意图。于信用卡逾期不还而言，信用卡逾期的本质是持卡人没有在还款日归还发卡银行设置的最低归还数额。那么在持卡人使用信用卡透支消费获得了相应的商品或现金之后，持卡人没有按时还款或短期内不想归还，其在使用信用卡当时具有的也是一种积极追求自身财产总量增加的意图。持卡人逾期的行为本质上违背了其与发卡银行之间的信用卡申领条约，持卡人逾期不还的行为，构成了民事违法，持卡人使自己财产总量增加的意图也是不法的。从这一层面出发，持卡人违约超期没有归还欠款的行为与恶意透支没有本质差异。借用信用卡实现自身的财产总量的增加，本身就是信用卡赋予持卡人的基本权利，而关键则在于如何判断这种追求财产总量的增加是一种非法增加，为什么信用卡逾期也是违反了民事法律规范，但不是一种非法增加，而恶意透支却是一种非法增加。那么，如果认为恶意透支型信用卡诈骗罪的非法占有目的的实体内容是不法获利，就必须要在不法获利意图中再填充时间的要素，对行为人积极追求自身财产总量增加设置一个时间范围，例如行为人意图在两个月内通过信用卡实现自身财产总量增加，两个月之后行为人归还了欠款，基于整体财产说，行为人归还了欠款后，自身的财产总量没有得到增加，不符合不法获利意图，因此不能认定为其具有非法占有目的，不构成恶意透支型信用卡诈骗罪。如果行为人在使用信用卡透支消费时，抱有的是一种永久追求自身财产总量的增加的意图，不打算归还欠款，则可以认定行为人具有非法占有目的，构成恶意透支型信用卡诈骗罪。但是，在行为人不法获利意图中填充时间的要素于理论上是否可行还需要进行更为深入的论述。此外，于司法适用来说，填充时间要素之后，在对恶意透支型信用卡诈骗罪非法占有目的的证明中，裁判者需要重点考察行为人逾期时长来判断行为人是否具有非法占有目的，而这不仅与 2018 年

《解释》中有关非法占有目的认定的形式与实质标准不相符,[①]更与"超过规定期限透支"这一要件的内容重叠,使得恶意透支型信用卡诈骗罪的审判中更忽视对非法占有目的的考察,转向通过更为轻易判断的"超过规定期限透支"来代替对非法占有目的的认定。

其次,以不法所有目的来说,本书认为,不法所有目的不能使恶意透支型信用卡诈骗罪中的非法占有目的更加明确。具体来说,不法所有目的是指行为人全面侵害被害人的财产所有权,通过不法所有目的,将以使用为目的的行为排除在盗窃罪的概念之外,[②]也就是说,不法所有目的的核心在于行为人在实施欺骗行为时,是否具有归还的意思。从表面上看,不法所有目的中隐含的不具有归还的意思与恶意透支当中行为人使用信用卡进行透支消费后不归还的事实具有同一指向性。但是,如本书第二章对恶意透支型信用卡诈骗罪欺骗行为的明晰,恶意透支型信用卡诈骗罪的欺骗行为表现为行为人隐藏自己不打算归还欠款的意图,以不守信用的方式为自己谋取私利。那么其中行为人不守信用的行为就已经包含了行为人不具有归还欠款的意思,行为人不打算归还欠款是欺骗行为的隐性要素。因此,不法所有目的与欺骗行为的内容是重叠的,也就是说,只要行为人实施了欺骗行为,就可以认定行为人具有非法占有目的。司法适用中通过认定行为人的欺骗行为就可以直接推断出行为人的非法占有目的,架空了非法占有目的的设置意义。但是于信用卡逾期而言,持卡人也是意图在一段时间内不归还欠款,持卡人不归还欠款

[①] 2018 年《解释》第六条规定:"对于是否以非法占有为目的,应当综合持卡人信用记录、还款能力和意愿、申领和透支信用卡的状况、透支资金的用途、透支后的表现、未按规定还款的原因等情节作出判断。不得单纯依据持卡人未按规定还款的事实认定非法占有目的。具有以下情形之一的,应当认定为刑法第一百九十六条第二款规定的'以非法占有为目的',但有证据证明持卡人确实不具有非法占有目的的除外:(一)明知没有还款能力而大量透支,无法归还的;(二)使用虚假资信证明申领信用卡后透支,无法归还的;(三)透支后通过逃匿、改变联系方式等手段,逃避银行催收的;(四)抽逃、转移资金,隐匿财产,逃避还款的;(五)使用透支的资金进行犯罪活动的;(六)其他非法占有资金,拒不归还的情形。"可见,以行为人逾期不还时间的长短来认定非法占有目的的有无,不符合有权解释机关对非法占有目的认定的审判思路。

[②] 徐凌波:《论财产犯的主观目的》,《中外法学》2016 年第 3 期。

的意图可能出现在使用信用卡之时，也可能出现在使用信用卡消费之后，而在不归还欠款的意图出现在使用信用卡之时，持卡人使用信用卡进行消费透支时也会带有明知自己一段时间内无法归还欠款的意图，并隐藏其意图继续使用信用卡。此时，根据不法所有目的，可以认定信用卡逾期未还的持卡人具有非法占有目的，无法实现非法占有目的区分信用卡逾期与恶意透支的功能。综上所述，无论是以不法所有还是不法获利为基础解释非法占有目的都无法实现恶意透支型信用卡诈骗罪中罪与非罪的界分。而为了进一步探析恶意透支型信用卡诈骗罪非法占有目的的实体内容，还需从恶意透支型信用卡诈骗罪保护法益出发，明晰非法占有目的的内涵。

(二) 保护法益指导下排除意思之扩张

一般认为，非法占有目的是指排除权利人，将他人的财物作为自己的所有物进行支配，并遵从财物的用途进行利用、处分的意思，即非法占有目的由"排除意思"和"利用意思"构成，前者注重的是法的侧面，后者注重的是经济的侧面。[①] 而恶意透支型信用卡诈骗罪中的非法占有目的的利用意思已无须过多赘述，行为人本就是为了得到现金或者商品才使用信用卡进行透支，无论是信用卡逾期还是恶意透支，持卡人使用信用卡的行为本身即包含着"享受财物所产生的某种效用"的意思。因此，恶意透支非法占有目的的实体内涵中，排除意思的具体内容决定了非法占有目的的根本走向，而排除意思具体内容的确定，还需要结合恶意透支型信用卡诈骗罪保护法益来予以明确。

将排除意思作为诈骗罪非法占有目的的核心，是所有权的本质决定的。所有权作为财产归属关系在法律上的表现，其最本质的特征就是权利人在法律上排除他人，将某项财产据为己有，由自己独立性的归属和支配。而诈骗罪对权利人财产所有权的侵害就在于行为人的危害行为非法改变了财产的既有支配关系，排除合法权利人和占有人对财物的既有

---

① 参见张明楷《诈骗罪与金融诈骗罪研究》，清华大学出版社 2006 年版，第 304 页。

排他性支配。① 那么在持卡人信用卡逾期的场景中，持卡人使用信用卡透支消费，取得了现金或物品后，实际上持卡人就已经改变了发卡银行库存现金的既有支配关系，排除了发卡银行对库存现金的排他性支配。而允许持卡人使用信用卡，获得支配信用额度内发卡银行的库存现金的权利是持卡人的基本权利之一，持卡人使用信用卡透支消费本身就是在"侵犯"发卡银行的财产所有权。即使持卡人逾期后一段时间归还了透支本金与利息，但此时持卡人归还的本金已不是其当时排除发卡银行占有而使用的本金了，持卡人透支消费对银行库存现金财产所有权的"侵害"没有得到恢复。因此，不能将恶意透支型信用卡诈骗罪中的非法占有目的中的排除意思理解为侵害了发卡银行的财产所有权。根据恶意透支型信用卡诈骗罪的保护法益——行为人造成了发卡银行的财产损失以及侵犯了信用利益，排除意思应该被做扩大解释，即排除意思应扩张为行为人意图排除他人对于财产的拥有，给发卡银行造成财产损失的主观认识与意欲。② 以给发卡银行造成财产损失的主观认识与意欲建构排除意思可以很好地区分信用卡逾期不还与恶意透支。信用卡逾期后不归还欠款通常是持卡人超过了自己还款能力使用信用卡所导致的，具体来说，持卡人不归还的意图可能产生在其使用信用卡透支消费之时，也可能产生于其使用信用卡透支消费之后。在持卡人不归还的意图产生在其使用信用卡透支消费之时的场景中，持卡人的主观意欲是一段时间内不归还，但终有一日会归还的，没有给发卡银行造成财产损失的意欲。而恶意透支的行为人于使用信用卡透支消费之时，其意图是以不守信用、损害发卡银行财产的方式为自己谋取私利。也就是说，信用卡逾期不还与恶意透支本质都是持卡人或行为人不归还欠款，但是信用卡逾期不还的持卡人没有给发卡银行造成财产损失的意图，相反，给发卡银行财产

---

① 参见何荣功《非法占有目的与诈骗案件的刑民界分》，《中国刑事法杂志》2020 年第 3 期。

② 参见徐凌波《金融诈骗罪非法占有目的的功能性重构——以最高人民检察院指导案例第 40 号为中心》，《政治与法律》2018 年第 10 期。

造成损失的结果不是持卡人希望发生的。

（三）非法占有目的的实质认定路径

明晰恶意透支型信用卡诈骗罪非法占有目的的实体内涵的意义在于通过实体内容的明确来解决司法适用中非法占有目的的表面化认定的难题。亦即，如何通过非法占有目的的实体内涵来使裁判者能够更好地掌握非法占有目的认定的精髓，如何将非法占有目的的实体内容与 2018 年《解释》有关非法占有目的的认定方法、认定思路有效地联系在一起，在司法适用中能够更容易地判断行为人非法占有目的的存在有无，真正实现罪与非罪的界限的界分功能。基于恶意透支型信用卡诈骗罪非法占有目的的实体内容，本书将从两个方面来探讨恶意透支型信用卡诈骗罪司法适用中非法占有目的的认定路径，以期对非法占有目的的认定提供一定的助益。

1. 对 2018 年《解释》认定非法占有目的的规定的解读

根据 2018 年《解释》，对行为人非法占有目的的存在与否要进行综合认定，并给出了综合判断的事实因素，其中包括持卡人的信用记录、还款能力和还款意愿、申领和透支信用卡的状况、透支资金的用途、透支后的表现、未按规定还款的原因。那么，这些事实因素与非法占有目的存在之间具有什么样的联系，有权解释机关提供这些事实因素的指向为何是认定非法占有目的的关键，本书将通过非法占有目的的实体内容对以上事实要素进行解读。而在对以上事实因素进行抽象分类后可以发现，实际上持卡人的信用记录、申领和透支信用卡的状况、透支资金的用途、透支后的表现、未按规定还款的原因都是行为人还款能力与还款意愿的具体体现，也就是说，上述事实因素是用以判定行为人还款能力与还款意愿的重要参考事实，通过以上事实的现实样态来判定行为人是否具有还款能力与还款意愿。以行为人透支后的表现为例，行为人使用信用卡透支消费并产生逾期后表现为积极逃避发卡银行的催收，为了躲避催收故意更换联系方式而不通知发卡银行，使自己处于失联状态；拒绝与发卡银行沟通未能还款的原因，也没有协商还款方案，更没有申请

"停息分期"的,就可以证明行为人的还款意愿较弱。那么,2018年《解释》有关非法占有目的认定的重点就是行为人的还款能力与还款意愿的考察。其传达的审查思路在于,虽然行为人没有归还欠款,但是行为人具有较强的还款意愿与还款能力,就可以证明行为人不具有给发卡银行造成财产损失,通过损害发卡银行财产的方式谋取私利的意欲,则认定行为人不具有非法占有目的。据此,2018年《解释》中有关认定非法占有目的六种形式标准也有了解读依据与方向。

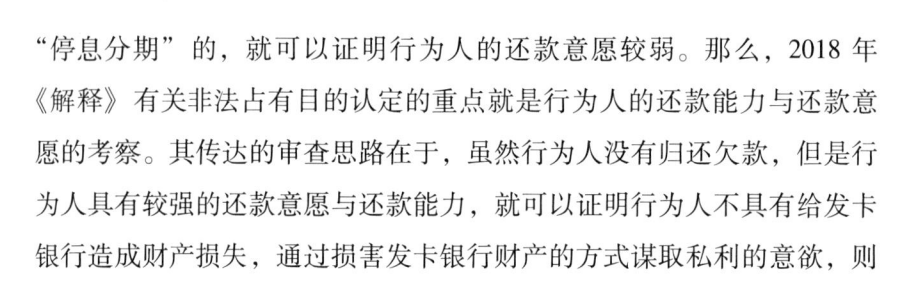

首先,在"明知没有还款能力而大量透支,无法归还的"一项中,[①] 有权解释机关重点强调了"明知"与"大量",通过对行为人明知自己没有还款能力与透支数额之大的对比,不仅在于说明行为人的还款能力,更突出了行为人给发卡银行造成财产损失的意图。详言之,行为人在明知自己不具有还款能力的前提下,其使用信用卡频率越高,透支数额越大,越能说明行为人不只是具有不归还的意思,更是具有通过损害发卡银行财产而为自己谋取私利的意图。因此,在认定"明知没有还款能力而大量透支,无法归还"时,司法工作者的重点应该置于行为人"明知"与"大量"的对比中,如果行为人使用信用卡的频率、额度与其还款能力的差距不大,则不能认定行为人具有非法占有目的。

其次,在"使用虚假资信证明申领信用卡后透支,无法归还的"一项中,行为人之所以使用虚假的资信证明是因为其自身真实的资信证明无法通过发卡银行的资信审核,无法获批信用卡,行为人为了得到信用卡以及使用信用卡进行透支就必须使用虚假的资信证明。但是,单以行为人使用虚假资信证明申领信用卡后透支以及无法归还这两项事实的存在不能直接判断行为人的还款能力与还款意愿,因为行为人使用虚假资信证明得到信用卡的目的不一定是为了谋取私利而给发卡银行造成财产损失,实践中也存在虽然行为人使用虚假资信证明得到了信用卡,但

---

① 此处不包括因发卡银行审批信用卡不严格导致没有还款能力、资信情况不佳的行为人得到信用卡后透支不还的情况。

仍然没有产生信用卡逾期的现象。因此，在行为人满足"使用虚假资信证明申领信用卡后透支，无法归还的"条件时，还需再考察行为人的使用信用卡时的还款能力（包括未来预期收入）、行为人透支后表现以及行为人不能归还欠款的原因，深入审查行为人的主观目的究竟是一段时间内不欲归还还是给发卡银行造成财产损失。

再次，在"透支后通过逃匿、改变联系方式等手段，逃避银行催收的"一项中，行为人透支后的表现是认定该情形的重点内容。具体而言，无论是一般持卡人还是恶意透支的行为人，其使用信用卡透支消费的目的都在于实现自身的经济利益。一般持卡人实现自身经济利益的方式是通过自身的信用的经济价值，降低其实现经济利益的成本，其中，成本包括持卡人需要归还的金额以及缴纳的利息。而对于恶意透支的行为人来说，其实现自身经济利益的方式在于通过不守信用的方式，给发卡银行造成财产损失来为自己谋取私利。因为行为人意图给发卡银行造成财产损失，其在透支之时就明知透支后不会还款，所以行为人不会关注其还款成本。换言之，一般持卡人比恶意透支行为人要更关注其还款方案，例如利息、违约金的高低。那么行为人越是逃避银行催收，拒绝与发卡银行联系，沟通还款方案，就越是能说明其不关注自身欠款的具体情况，也越能证明其不关注通过信用卡业务而实现经济利益的成本。由此证明行为人的主观意图是给发卡银行造成财产损失，而不是一段时间内不归还欠款，最终证明行为人具有非法占有目的。

此外，在"抽逃、转移资金，隐匿财产，逃避还款的"一项中，重点的审查内容是行为人的还款意愿，通过行为人还款能力与不还款事实的对比来证明行为人主观上有给发卡银行造成财产损失的意欲。具体而言，行为人只有在具有还款能力，存在一定的财产的前提下，才能够实施抽逃资金等行为。而在行为人具有还款能力，却仍然实施积极逃避还款的行为，就越能证明行为人具有给发卡银行造成财产损失的意欲。行为人明明具有还款能力，却不还款，以不守信用，造成发卡银行财产损失的方式来实现自己的经济利益，以此认定行为人具有非法占有目的。

最后，在"使用透支的资金进行犯罪活动的"一项中，考察行为人具有非法占有目的的重点仍然是行为人的还款能力和还款意愿，而不是只要行为人使用透支的资金进行犯罪活动，就可以直接证明行为人具有非法占有目的。将诈骗获取的资金用于犯罪活动作为非法占有目的认定情形之一并非是恶意透支型信用卡诈骗罪的特有。根据2001年的《全国法院审理金融犯罪案件工作座谈会纪要》，认定金融诈骗罪中行为人具有非法占有目的的标准之一即是行为人将骗取的资金用于违法犯罪活动。但是，本书认为，将资金用于犯罪活动作为非法占有目的的认定形式之一更多的是出于打击违法犯罪的政策考量，行为人将资金用于犯罪活动和行为人意图给发卡银行造成财产损失之间没有直接的因果关系。纵使行为人将资金用于犯罪活动会使资金损失的风险增高，但不意味着行为人在使用信用卡之时就带有给发卡银行造成财产损失的意欲。因此，为了正确实现非法占有目的罪与非罪的界分功能，在行为人将资金用于犯罪活动的情形中，不应以用于犯罪活动这一项单一事实来认定行为人具有非法占有目的，而是重点考察行为人的还款能力和还款意愿综合认定。

2. 事实证据发生冲突时的优先效力

司法适用中认定非法占有目的事实不总是单一、具有同一倾向的，更多的是各种事实证据存在冲突的情形。例如在周某信用卡诈骗一案中，[1] 被告人周某有着10年的信用卡使用史，且信用良好，但其于2016年10月起未能进行有效还款，且经发卡银行多次催收仍未归还。其间，其曾与发卡银行协商过还款方案，但最终未达成一致，被告人周某拒绝还款、逃避还款。法院认为，被告人周某具有非法占有目的，且符合事实证据发生冲突时的优先效力构成要件，因此，以恶意透支型信用卡诈骗罪对被告人周某定罪量刑。可以看出，在该案中行为人存在拒

---

[1] 详见（2017）沪0105刑初1196号判决文书。

绝还款、逃避还款，正向认定非法占有目的事实的同时还具备信用记录良好、与发卡银行协商还款方案，反向阻却非法占有目的成立的事实。那在成立非法占有目的和阻却非法占有目的的事实发生冲突时，应以何种事实为主要事实、优先事实成为了行为人是否具有非法占有目的的重点。而根据非法占有目的的实体内容，行为人是否具有非法占有目的在于行为人是否具有给发卡银行造成财产损失的意欲。在上述案件中，即使行为人确实存在着拒绝还款的事实，但是行为人 10 年的良好信用记录以及其曾积极与发卡银行协商还款方案，都能证明行为人的主观目的是短期内不归还欠款而不是给发卡银行造成财产损失。因此，在事实证据发生冲突时，事实的优先效力不在于某种事实是否是 2018 年《解释》中规定的六种情形之一，也不在于正向证明非法占有目的或阻却非法占有目的成立的何方的事实更多，而是在于只要有某一事实能够证明行为人不欲给发卡银行造成财产损失的，就不能认定行为人具有非法占有目的。

第二节　双重法益下催收的司法适用限定作用

如本书第一章所述，通过对 2018—2020 年恶意透支型信用卡诈骗罪一审裁判文书的整理，发现恶意透支型信用卡诈骗罪司法实践中对催收的认定呈现简略化的样态，"有效催收"形如虚设，对有效催收认定的重视程度较低，只要存在发卡银行确实进行了两次以上催收的相关事实，即认定为有效催收，仅从形式上完成对催收的认定。而这一做法使催收限定处罚范围的功能性被大大降低，无法发挥有权解释机关通过设置催收这一条件试图实现的应然作用，是恶意透支型信用卡诈骗罪司法适用扩张化的具体体现。本书认为，实务之所以轻视对"经发卡银行两次催收后仍不归还"认定的主要原因在于错误理解了催收的体系性地位，应以恶意透支型信用卡诈骗罪的保护法益为指导，重新界定该条件于犯罪论中的体系地位，从根本上强化实践中对催收的重视程度，使其发挥在恶意透支型信用卡诈骗罪司法实践中的真正作用。

一 催收之构成要件要素的否定

刑法目的论解释旨在根据刑法规范的目的，阐明刑法条文的真实含义。① 刑法的目的在于保护法益，因此，对刑法条文的解释都需要以行为侵害了保护法益这一层面为出发点。那么，如果认为"经发卡银行两次催收后仍不归还"是作为恶意透支型信用卡诈骗罪构成要件要素而存在的话，就需要论述"经发卡银行两次催收后仍不归还"是如何为行为人侵犯发卡银行的财产与信用利益提供判断依据的。如本书第二章所论述的，恶意透支型信用卡诈骗罪是一种诈骗的特殊类型，基于此得出了恶意透支型信用卡诈骗罪保护法益之一为发卡银行的财产，信用利益被侵害也是通过发卡银行遭到财产损失而体现的。因此，以构成要件要素为前提对"经发卡银行两次催收后仍不归还"予以理解，就需要将这一条件置于诈骗罪的基本构造当中，探究其如何为发卡银行财产损失提供违法性判决依据。基于诈骗罪"行为人实施欺骗行为—对方陷入或维持认识错误—对方基于认识错误处分财产—行为人取得财产—被害人遭受财产损失"的基本构造，可以发现，其中没有"经发卡银行两次催收后仍不归还"能合理嵌入的理论空间。从催收发生的时间点来看，催收只能发生在行为人取得财产之后，在行为人还没有刷卡透支消费时，发卡银行是不可能对行为人进行催收的。那么就只能在"被害人遭受财产损失"这一环节中解释催收，于"被害人遭受财产损失"环节中，催收是否能作为认定发卡银行财产遭到损失的依据？本书认为，催收不能作为认定发卡银行财产遭到损失的依据。因为，根据 2018 年《解释》，"有效催收"必须在行为人透支超过规定限额或者规定期限后才能进行。也就是说，虽然于经济生活中，发卡银行可以根据自己分行

---

① 张明楷：《刑罚目的论纲》，《环球法律评论》2008 年第 1 期。

的催收标准,自由选择在行为人逾期后的任何时间段对行为人进行催收,但是于司法适用中的催收的认定而言,刑法只将行为人逾期超过180天以后发生的催收作为首次催收的时间起始点,发卡银行在此之前进行的催收,不具有刑法上的催收意义。而本书于第四章第二节中已论述了"超过规定期限透支"是认定发卡银行财产遭到损失的构成要件要素,那么如果将"经发卡银行两次催收后仍不归还"也理解为认定发卡银行财产遭到损失的构成要件要素,不仅是一种没有实际意义的理论叠床架屋,更会使加重恶意透支型信用卡诈骗罪的司法实践不重视对催收的相关认定的现状。因为催收于认定犯罪的意义并不是独一无二的,其他要件也可完成认定发卡银行财产损失的作用,司法实践中裁判者完全可以只选择"经发卡银行两次催收后仍不归还"与"超过规定期限使用信用卡"其中之一来完成对发卡银行财产损失的认定。也就是说,从恶意透支型信用卡诈骗罪的保护法益出发,不能得出"经发卡银行两次催收后仍不归还"是恶意透支型信用卡诈骗罪构成要件要素的结论。

二 催收之非法占有目的推定事实的否定

在对"经发卡银行两次催收后仍不归还"作为构成要件要素存在进行否定后,对"经发卡银行两次催收后仍不归还"体系定位的另一理解则是催收是作为非法占有目的的推定要素而存在的,这也是当下理论研究中的一种有力观点。持该观点的学者认为经发卡银行两次催收后仍不归还只是表明行为人具有非法占有目的的客观事实,而不是恶意透支成立的必要条件,更不是所有恶意透支行为构成信用卡诈骗罪的必要条件。[①] 而本书认为,"经发卡银行两次催收后仍不归还"不是非法占有目的的推定要素。具体而言,将"经发卡银行两次催收后仍不归还"

---

① 参见曲新久《认定信用卡诈骗罪若干问题研究》,姜伟主编《刑事司法指南》总第19辑,法律出版社2004年版,第19页。

作为行为人具有非法占有目的推定要素的背后逻辑在于以下两点，第一，通过确定经过了发卡银行催收，行为人收到了催收通知，明晰自己信用卡逾期的事实却仍然不归还来证明行为人不具有还款意愿。第二，通过经过两次催收程序的时间长度来说明行为人经过了一段时间以后仍然不愿意进行还款的情况，以此证明行为人不具有还款意愿。也就是说，催收是用以证明行为人还款意愿的一项因素，通过催收证明行为人不具有还款意愿，进而认定行为人具有非法占有目的。但是将催收理解为还款意愿的推定事实进而证明非法占有目的的做法不仅于证明力上过于薄弱而且与"两高"强调催收"有效性"的设立原意不符。

详言之，首先，根据2018年的《解释》，对行为人是否具有非法占有目的应当综合持卡人申领信用卡前，申领信用卡时，申领使用信用卡后的三个时间段来综合判断，并给出了六种认定行为人具有非法占有目的的形式标准。可见，2018年的《解释》对非法占有目的的规定无非是在强调不能根据行为人没有归还欠款的事实来认定行为人具有非法占有目的。而催收所体现出来的行为人明知自己欠款，但没有还；以及行为人欠款时间较长，但没有还的两种表现都只能证明行为人在使用信用卡之后出现了没有归还欠款的事实，并不能以此来推断行为人确实不具有还款意愿。其次，根据2018年的《解释》，"两高"通过强调"有效性"来提高了对"经发卡银行两次催收后仍不归还"认定的重视。而催收"有效性"的内容包括催收的起始时间、催收的方式、两次催收之间的时间间隔以及催收的规范性与合法性，可以看出，催收"有效性"的内容与行为人的还款意愿、非法占有目的之间可谓是毫无关系。也就是说，有权解释机关强调催收的"有效性"并不是为了强化催收用以证明行为人还款意愿与非法占有目的的证明力，而是为了其他的目的。此外，将"经发卡银行两次催收后仍不归还"理解为非法占有目的的推定要素更会加重恶意透支型信用卡诈骗罪的司法实践不重视对催收的相关认定的趋势。于非法占有目的的认定当中，"经发卡银行两次催收后仍不归还"这一要素的证明力弱、可替代性强，裁判者在有更好的判断依据时，自然会忽视对"经发卡银行两次催收后仍不归还"的认定。有学者在谈及恶意透支认定时曾指出，如果有充分的证据证明持卡人以非法占有为目的进行恶意透支，即使没有经发卡银行催收后仍不归还的客观事实存在，也可以认定构成犯罪。①足以见如果将"经发卡银行两次催收后仍不归还"作为非法占有目的的推定要素，其设立价值将会被矮化至不需要进行司法认定的地步。综上所述，不能将"经发卡银行两次催收后仍不归还"理解为非法占有目的的推定要素。

三 催收之客观处罚条件的确定与强调

在前文已否定了"经发卡银行两次催收后仍不归还"作为构成要件要素或非法占有目的推定要素的可能性，那么"经发卡银行两次催收后仍不归还"的体系定位自然只能是客观处罚条件。本书将从以下三个方面论证将"经发卡银行两次催收后仍不归还"理解为恶意透支型信用卡诈骗罪客观处罚条件的理论层面的可行性与司法适用层面的优势性。

首先，将"经发卡银行两次催收后仍不归还"理解为客观处罚条件，符合刑法的保护目的。恶意透支型信用卡诈骗罪的保护法益是发卡银行的财产以及信用利益，即使行为人逾期超过180天，满足了"超过规定期限透支"这一要件，构成犯罪既遂。但只要行为人可以在发卡银行催收后归还了相关欠款，就弥补了发卡银行的财产损失，而且通过利息、滞纳金的偿还，使发卡银行的信用利益得以增加。因而，行为人在发卡银行催收后归还欠款的过程本质上是一种法益恢复的过程。具体而言，刑法的目的是保护法益，根据法益被犯罪行为侵犯后所表现出的不同存在形态，可以对法益进行分类，一种是法益在性质上一旦被侵犯就不可能被实际恢复，例如人的生命健康权益；另一种则是法益被犯罪行为侵犯后，经过事后某种行为的及时补救，法益得以完全恢复至犯罪行

---

① 曲新久：《恶意透支之信用卡诈骗罪的认定》，《人民公安》2002年第4期。

为发生之前的样态,例如财产权益。① 于恶意透支型信用卡诈骗罪而言,行为人归还其透支的本金以及因逾期产生的利益与滞纳金的行为可以使被害人发卡银行的财产权益完整地复原,发卡银行的库存现金没有受到任何损失,而通过利息与滞纳金的偿还更会使发卡银行的信用利益增加。因此,从刑法处罚侵害法益行为的层面而言,恶意透支的行为人恢复了其侵犯的财产法益,更使发卡银行的信用利益得以增加,没有必要再对其适用刑罚。

其次,将"经发卡银行两次催收后仍不归还"定位为客观处罚条件,与刑罚目的相契合。预防犯罪是刑罚的目的,行为人实施了恶意透支的行为后,即使其逾期时间已经超过了180天,恶意透支已构成既遂,但是只要行为人在某次发卡银行催收后归还了相关欠款,就说明行为人自身已经回到了合法性的轨道,而不是继续坚持维护不法状态。② 而且,就行为人经发卡银行催收后归还欠款而言,行为人在金钱上遭到的损失更多。根据2018年《解释》,在一审判决前行为人不再需要归还全部透支款息就可以得到相应的从轻处罚,③ 也就是说在案件进入刑事诉讼流程后,行为人只需要归还全部透支本金。而在发卡银行催收后,案件尚未进入刑事诉讼前行为人归还欠款的,需归还发卡银行全部的透支本金以及累计的利息、滞纳金等。于经济利益得失而言,行为人需要付出的更多,因此,即使不对行为人予以刑罚处罚,基于经济利益得失而言,也不会激励行为人继续恶意透支,可以达成对行为人的预防功能。

再次,将"经发卡银行两次催收后仍不归还"定位为客观处罚条

---

① 参见庄绪龙《论经济犯罪的"条件性出罪机制"——以犯罪的重新分类为视角》,《政治与法律》2011年第1期。
② 参见张明楷《恶意透支型信用卡诈骗罪的客观处罚条件——〈刑法〉第196条第2款的理解与适用》,《现代法学》2019年第2期。
③ 根据2018年《解释》,恶意透支数额较大,在提起公诉前全部归还或者具有其他情节轻微情形的,可以不起诉;在一审判决前全部归还或者具有其他情节轻微情形的,可以免予刑事处罚。但是,曾因信用卡诈骗受过两次以上处罚的除外。

件，与当下恶意透支型信用卡诈骗罪的刑事政策相符合。通过对恶意透支型信用卡诈骗罪相关法律规范的梳理，不难发现，自1995年的《全国人大关于惩治破坏金融秩序犯罪的决定》设立恶意透支型信用卡诈骗罪以来，"两高"一直试图通过司法解释的适用来达到限制恶意透支型信用卡诈骗罪司法扩张的效用。这种限缩司法适用的精神尤其体现在2018年《解释》中，从2018年《解释》的制定背景来看，有权解释机关抓住了与其他金融诈骗罪相比，恶意透支的社会危害性相对较小，但在实务中却呈现畸高的态势，[①] 因此，制定2018年《解释》的原因之一就在于要通过具体的解释规定来限缩恶意透支型信用卡诈骗罪的司法适用，不使恶意透支这种社会危害性较小的犯罪浪费过多司法资源。也就是说，限缩恶意透支型信用卡诈骗罪的司法适用，限制恶意透支型信用卡诈骗罪的处罚范围就是恶意透支型信用卡诈骗罪现行的刑事政策。那么，将"经发卡银行两次催收后仍不归还"理解为客观处罚条件是符合恶意透支型信用卡诈骗罪的这一刑事政策的，具体而言，在通常情况下行为人只要符合犯罪构成，即可构成犯罪。但是通过客观处罚条件的设置，即使行为人符合犯罪构成，只要不具备客观处罚条件，仍然不能构成犯罪。也就是说，"两高"通过"经发卡银行两次催收后仍不归还"的设置，对恶意透支的成立进行了二次限制，以此限缩恶意透支型信用卡诈骗罪的司法适用。

最后，将"经发卡银行两次催收后仍不归还"理解为客观处罚条件，符合强调催收"有效性"的修改原意。2018年《解释》中首次强调了对催收"有效性"的认定，分别从催收的起始时间、催收的方式、两次催收之间的时间间隔以及催收的规范性与合法性四个方面强化对催收的认定。通过"有效性"的内容，可以发现"两高"对催收强调的根本目的在于规范发卡银行的催收行为，也就是说，不是发卡银行进行

[①] 参见耿磊：《〈关于修改《关于办理妨害信用卡管理刑事案件具体应用法律若干问题的解释》的决定〉的理解与适用》，《人民司法》2019年第1期。

的任何一次催收于实务认定中都是具有价值的，可以被认定已经经过发卡银行催收的。只有符合"有效性"规定的催收才可以被认定为具有刑法意义上的催收。那么，"两高"规范发卡银行催收行为的意图为何？为什么要在 2018 年《解释》中格外强调对催收的相关认定？结合上文提出的恶意透支型信用卡诈骗罪现行的刑事政策，本书认为，"两高"通过有效性来规范发卡银行的催收的根本目的在于通过设置"有效性"这一条件，来限制恶意透支型信用卡诈骗罪的司法适用。从"有效性"的内容中可以看出，有权解释机关对"催收"的成立提出了更高的要求，对催收的认定更加苛刻。这背后的逻辑在于，不符合"有效性"要求的催收，就不满足"经发卡银行两次催收后仍不归还"的条件，通过条件的不满足来限制司法适用。那么将"经发卡银行两次催收后仍不归还"理解为客观处罚条件，才能使对催收"有效性"的要求和恶意透支型信用卡诈骗罪的成立之间建立联系，才能还原"两高"修改司法解释的原意，实现强调"有效性"的目的。此外，如本书第一章所述，通过对 2018—2020 年恶意透支型信用卡诈骗罪一审裁判文书的整理，发现司法实践中发卡银行报案标准较为随意，这也导致了行为人信用卡逾期行为是作为民事纠纷的一种还是犯罪的主导权实际掌握在发卡银行手中，即其会选择何种手段保护其财产和信用利益。而为了限制发卡银行肆意使用刑法手段维护其财产和信用利益的实现，使其报案标准更加规范，限制信用卡逾期案件进入刑事诉讼流程，也有必要通过对催收"有效性"认定的强化对其加以限定。

综上所述，"经发卡银行两次催收后仍不归还"的体系地位是客观处罚条件，在恶意透支型信用卡诈骗罪的司法适用中，即使行为人满足了犯罪构成，对恶意透支型信用卡诈骗罪保护法益造成了侵犯，但只要不符合催收"有效性"的要求，则不能认为其满足了"经发卡银行两次催收后仍不归还"这一客观处罚条件，不能认定犯罪成立。因此，在恶意透支型信用卡诈骗罪的司法适用中，裁判者要提高对"经发卡银行两次催收后仍不归还"这一条件认定的重视程度，必须认定发卡银行的催收是"有效"的，才能认定催收符合了客观处罚条件的要求，从而认定犯罪成立。在发卡银行催收不具有有效性时，要充分发挥"经发卡银行两次催收后仍不归还"的阻却犯罪成立的功能，严格限制非有效的催收成立所造成的司法适用扩张。

四 透支本金未经催收的数额认定

如本书第一章所述，司法实践中存在着行为人透支本金未经催收的部分是否应当计入到透支数额总额中的相关争议。实践中恶意透支型信用卡诈骗罪的个案经常表现为行为人多次使用信用卡进行透支后归还最低还款额度或小额还款，后又继续使用信用卡进行透支的持续用卡、偶尔还款的现象。而发卡银行的催收的金额往往不固定，可能就透支本金、最低还款金额或透支本金以及各项费用之总和的任意一项进行催收。这就导致了在公安机关立案之时，行为人的一部分透支本金尚未经过发卡银行两次催收流程。而由于恶意透支型信用卡诈骗罪的司法解释仅规定了催收"有效性"的认定标准，没有对有关透支本金未经催收的部分应如何认定进行规定，因此有必要对透支本金未经催收的数额的认定加以厘清。本书认为，基于以下两点原因，行为人的一部分透支本金尚未经过发卡银行两次催收流程的不能计入到恶意透支型信用卡诈骗罪的犯罪数额当中。首先，2018年《解释》对催收提出了"有效性"的要求，发卡银行的催收行为必须同时满足催收的四项要求才可以被认定为催收条件成立，其中之一则是催收需在行为人透支超过规定限额或者规定期限后进行。也就是说，未经催收所对应的本金部分也许还尚未满足"超过规定期限透支"这一构成要件要素。那么以三阶层理论进行判断，未经催收部分的本金就不满足构成要件的符合性这一要求，即使未经催收的本金超过了人民币5万元，也不能就该笔金额认定犯罪成立，不应计入到行为人透支本金的总额当中。其次，根据催收于犯罪论中的体系地位，催收是恶意透支型信用卡诈骗罪的客观处罚条件，不满足催收有效性条件的不能认为犯罪成立。在此应理解为，即使行为人未经催收的透支本金满足恶意透支的构成要件，但是只有经过有效催收的透支本金才是恶意透支型信用卡诈骗罪的犯罪数额。即使行为人于客观上造成了实害结果且侵犯了恶意透支型信用卡诈骗罪的保护法益，但是根据"经发卡银行两次催收后超过三个月仍不归还"的体系地位，在此也应做特殊的处理，即未经催收的透支本金不能被计入到行为人的透支本金的总额当中，只有经过两次催收后且三个月不归还的数额才可以被认定为恶意透支型信用卡诈骗罪的犯罪数额。

第三节 发卡银行过错的事由与判断

法教义学具有格外浓厚的实践性特征，其主要使命是关注司法活动中法律规则的实际运用，为司法适用的个案裁判提供建议与答案。法教义学中各理论学说百家争鸣的最终价值在于应用于司法，指导司法适用，使司法适用的正当性更加有保障，判决结果更具妥当性。那么，在本书第三章明确了发卡银行过错对定罪的阻却作用后，重点在于如何在恶意透支型信用卡诈骗罪的司法适用中通过发卡银行过错来建立相应的出罪事由以及出罪事由的具体适用。

一 发卡银行过错：条件性出罪机制的延伸

（一）条件性出罪机制的基本内涵

2018年《解释》第十条明确规定了在刑事诉讼流程中各阶段的出罪规定，[①] 对恶意透支型信用卡诈骗罪的出罪规定进行分析，可以发现恶意透支型信用卡诈骗罪现有的出罪事由并不是一种随意适用，而是对符合相关条件的案件进行限制性适用。而"两高"对出罪条件的设置

---

① 2018年《解释》第十条规定："恶意透支数额较大，在提起公诉前全部归还或者具有其他情节轻微情形的，可以不起诉；在一审判决前全部归还或者具有其他情节轻微情形的，可以免予刑事处罚。但是，曾因信用卡诈骗受过两次以上处罚的除外。"

第四章 恶意透支型信用卡诈骗罪入罪与出罪双轨制司法适用路径

主要基于行为人对法益的侵犯程度以及行为人的人身危险性大小的考量。具体而言，恶意透支型信用卡诈骗罪出罪必须满足如下的条件：首先，仅限于"数额较大"的案件中，只有行为人的犯罪数额处于五万元以上不满五十万元的才可适用出罪条款，不满足犯罪数额要求的即丧失了适用出罪事由的前提。将出罪条件限定在数额较大的根本目的在于限定出罪的案件类型，只有对法益侵害程度较低的案件才有适用出罪事由的基础。透支数额在五十万元以上的属于严重侵害法益的，不具有适用出罪条件的可能性。其次，对犯罪情节的要求。[①] 恶意透支中，行为人或是归还了其透支的全部本金，或是具有其他情节轻微情形的，才可以适用本条款。否则，即使行为人透支的金额符合数额较大的规定，但是只要行为人没有归还透支本金或不具有其他轻微情节的，都不能适用出罪规定。犯罪情节体现了具体犯罪对法益的侵害程度，犯罪情节越严重则代表着对法益的侵害程度越高。而行为人归还透支本金的行为被认定为一种情节轻微情形的根据在于行为人通过归还欠款，弥补了发卡银行的财产损失和信用利益的受损，恢复了其侵犯的法益。此外，出罪条款对行为人的还款时间设立了相应的条件。如果恶意透支型信用卡诈骗罪中只具有行为人归还全部透支本金这一项符合情节轻微情形事实的，那么行为人最晚必须在一审判决前归还全部透支本金，否则就不能适用本条款。而行为人归还欠款的时间越早，对其越有利。这一规定的根本意图在于，基于对司法效率的追求，促使行为人尽快地恢复其侵犯的相关法益，快速平息犯罪引发的社会矛盾。最后，对行为人犯罪前科的要求。即使行为人满足所有的出罪条件，但是只要其曾经有信用卡诈骗受

[①] 2009年《解释》规定"恶意透支应当追究刑事责任，但在公安机关立案后人民法院判决宣告前已偿还全部透支款息的，可以从轻处罚，情节轻微的，可以免除处罚。恶意透支数额较大，在公安机关立案前已偿还全部透支款息，情节显著轻微的，可以依法不追究刑事责任。"通过2009年《解释》与2018年《解释》的对比，可以发现有权解释机关将行为人归还全部透支本金也作为情节轻微情形之一，只要行为人归还了全部本金，则可以认定具备情节轻微情形。也就是说，2018年《解释》中对出罪事由的规定不只局限于行为人归还全部本金，而是只要案件中存在其他能与行为人归还全部本金在性质上类似的情节轻微情形，就可以适用出罪规定。

过两次以上处罚的前科，则不能对行为人适用出罪条款。这一条件的根本所指在于对行为人人身危险性的考察，行为人曾因信用卡诈骗受过两次以上处罚说明行为人是信用卡诈骗的惯犯，其人身危险性较大、再犯可能性大，对其进行出罪处理无法实现对行为人的特殊预防。因此，即使行为人于犯罪案件中满足其他条件，但是为了实现刑罚目的，实现对行为人的特殊预防，不能对其适用出罪条款。有学者将恶意透支型信用卡诈骗罪出罪规定表示出的立法机关、有权解释机关坚持"出罪化"一分为二的辩证法，对出罪条款有选择、有条件、有限制地予以界定的思路或制度的本质归纳为一种"条件性出罪机制"。其基本逻辑在于，虽然犯罪已处于既遂状态，但是对案件辅之于裁判者容易掌握、判断的特别规定的条件，考察行为人犯罪后的行为与法益受侵害的具体情况，审查行为人对其侵犯的法益的恢复状态，通过"条件性出罪机制"的犯罪处理方式来达到缩小刑事打击面，使经济犯罪的司法适用能够更加符合经济刑法的客观要求，更契合世界各国非罪化、非监禁化的时代趋势。[①]

（二）发卡银行过错作为条件性出罪机制内容的可行性

基于此，发卡银行过错于恶意透支中的适用可以被认为是条件性出罪机制的引申。根据本书第三章的论述，发卡银行过错的本质是一种违法阻却事由，通过判断发卡银行存在过错而否定对行为人的不法判断。于司法适用中，一旦案件中存在发卡银行没有陷入认识错误，发卡银行具有自我保护可能性却不自我保护的情况时，即意味着发卡银行存在过错，可将其作为一种条件性出罪机制适用。亦即，只要具体案件中存在行为人行为当时发卡银行没有真的确信行为人持信用卡进行透支消费后可以按照申领协议如约归还，发卡银行则没有陷入认识错误，就可认定为案件中存在发卡银行过错，行为人不构成犯罪，应当对行为人做出

---

① 参见庄绪龙《论经济犯罪的"条件性出罪机制"——以犯罪的重新分类为视角》，《政治与法律》2011年第1期。

罪处理。此时，发卡银行没有真的确信行为人持信用卡进行透支消费后可以按照申领协议如约归还就是判断是否存在被害人过错的标准，如果认定存在被害人过错，那么根据条件性出罪机制，符合出罪条件的，就应该对行为人进行出罪处理。

而将发卡银行存在过错的情形作为恶意透支型信用卡诈骗罪条件性出罪机制予以适用是具有合理性和可行性的。首先，当发卡银行存在具体过错时，不存在值得刑法保护的法益，行为人的行为没有侵犯到发卡银行的财产以及信用利益这一结论符合条件性出罪机制中行为人犯罪后的行为对法益进行恢复的实质内涵。具体来说，行为人通过归还欠款的方式恢复法益就得以出罪的根本在于行为人使得被害人被侵犯的法益恢复到了其未被侵害前的状态。换言之，通过行为人还款的行为使行为人最终得到了没有侵害法益的评价。在发卡银行没有陷入认识错误而是出于投机心理做出的风险投机行为的场景中，行为人的行为之所以不是不法的原因在于其在行为当时，发卡银行不具有需保护性，没有值得刑法保护的法益，行为人没有侵害法益。因此，从行为人所造成的结果以及刑法对行为人的否定评价这一层面出发，行为人犯罪后将法益恢复至其未被侵害前的状态和行为人没有侵犯法益是同质的。因此，发卡银行存在具体过错的情形符合条件性出罪事由的理论根基。其次，通过对恶意透支型信用卡诈骗罪条件性出罪机制的归纳可以看出，有权解释机关设置的出罪条件的外延和内涵都较为清晰，便于在裁判者审判中能够较为容易地审查个案是否满足相应的条件，例如犯罪数额、还款与否等，不会加重司法工作人员的认定难度和负担。而恶意透支型信用卡诈骗罪个案中是否存在发卡银行过错也并不是外延模糊难以判断的，只要判定行为人行为当时发卡银行没有真的确信行为人持信用卡进行透支消费后可以按照申领协议如约归还，就可以肯定发卡银行过错的存在。

综上所述，发卡银行过错可以作为恶意透支型信用卡诈骗罪条件性出罪机制而设立。通过建构发卡银行过错这一条件，在确认案件中存在发卡银行过错的事实时，裁判者能够清晰地有选择、有条件地界定个案中是否存在可以出罪的事由。当案件中存在发卡银行过错的情形，且行为人人身危险性不大时，即使个案中不具备其他出罪条件，也应当认定案件符合出罪条件，对行为人进行出罪处理。由此，不仅可以有效地限缩发卡银行没有真的确信行为人持信用卡进行透支消费后可以按照申领协议如约归还的司法适用，还可以通过这一裁判结果使发卡银行规范自身的信用卡业务，能够从根本上防止其财产损失以及信用利益受损，可以更好地实现恶意透支型信用卡诈骗罪的保护目的。

二　审批疏漏使行为人得以恶意透支的出罪判断

根据本书第一章对恶意透支型信用卡诈骗罪的司法适用的探析可以发现发卡银行具体存在以下四点过错：第一，在不具备还款能力的行为人没有以虚假身份骗领信用卡，提供真实收入情况资料下，发卡银行依然审批通过其信用卡申请，使行为人得到信用卡进行透支消费；第二，提供给行为人与其经济状况与收入情况极不相符的高额授信；第三，在行为人卡账已经逾期且发卡银行对其进行催收后，行为人没有任何还款行为却仍然可以使用信用卡进行透支消费；第四，行为人使用发卡银行 A 发放的信用卡出现逾期不还的情况后，还能正常使用发卡银行 B 发放的信用卡进行透支消费。那么，下文结合这四点发卡银行过错情形，对这四种场景中的出罪思路进行分析，在恶意透支型信用卡诈骗罪的司法适用中将上述四种场景排除在刑事可罚性范围之外。此外，随着发卡银行识别风险能力的不断加强，或恶意透支的犯罪手段不断翻新，实践中发卡银行的过错可能表现出更多形式，本书总结的上述四种发卡银行的过错不能涵盖未来司法中可能出现的全部情况。因此，本书通过对当下司法适用中存在的发卡银行四种过错的出罪路径进行分析，以期对恶意透支型信用卡诈骗罪司法适用中判断是否存在被害人过错提供一定实用思路。

首先，在不具备还款能力的行为人没有以虚假身份骗领信用卡，提供真实收入情况资料下，发卡银行依然审批通过其信用卡申请，使行为人得到信用卡进行透支消费的情境中，发卡银行已经对行为人持信用卡进行透支消费后可以按照申领协议如约归还产生了具体怀疑，应当否定发卡银行陷入认识错误，肯定发卡银行在行为人行为当时具有自我保护可能性却放弃了自我保护。详言之，在发卡银行对申请人资质审核的环节中，发卡银卡可以通过信用卡申请表获得行为人的工作单位、职务、收入、房产、学历以及联系人信息；并通过个人征信系统可以获得行为人的信用记录、工作单位（包括以往工作单位）、职务、房产（是否按揭）以及以往居住地等信息。这些信息可以为发卡银行很好地勾勒出申请人的用户画像，并对申请人的信用以及风险情况进行分级，最终决定是否批准申请人的申请。而只要发卡银行审慎进行自身的发卡行为，严格按照信用卡业务流程以及相关信用卡法律规范要求进行操作，其用户画像的精确性可以得到有效的保障。信用卡审批环节的设立就是为了帮助发卡银行识别高风险的申请人，并拒绝其申请以控制信贷风险，保障自身的资金安全，更有效地实现信用利益。

那么，由于发卡银行自身为了抢占市场份额，盲目发卡，导致没有利用征信系统、没有仔细审核申请人申请信息的真实性甚至是在发现了申请人存在一定的风险隐患后仍然对其发放信用卡就意味着发卡银行对申请人的还款能力以及还款意愿关心程度不高。进一步说明了发卡银行对行为人的风险情况没有把握，不确定行为人是否会在使用信用卡透支消费后归还欠款。在此情况下，发卡银行对于行为人使用信用卡消费透支后是否会归还欠款是处于"怀疑"的态度，认为行为人也许会还，也许不会还，处于一种投机冒险的心理处分了其财产。发卡银行没有确信行为人使用信用卡进行的每一笔消费都会归还，因此应当否认发卡银行陷入认识错误。在发卡银行没有很好地掌握持卡人真实的资信信息或是发卡银行已经掌握了持卡人资信情况不佳的情况下，为了保障其自身的财产，发卡银行原本可以选择尽到自身的谨慎经营义务，停止与行为人进行交易，但其基于投机心理放弃了对自身财产的保护。那么就可以肯定发卡银行此时具有自我保护的能力，但为了追求更高的利益而放弃了对自我的保护，发卡银行不具备刑法保护的必要性，不存在需要借由刑法来保护的法益，以最后手段性为原则的刑法也就不须介入了。因此，发卡银行的行为满足被害人过错的条件，不能认为行为人的行为是不法的，行为人不构成犯罪，应该对其做无罪处理，行为人拖欠的透支款项属于信用卡逾期纠纷，应该交付民事手段来处理。

三 盲目高额授信使行为人得以大额恶意透支的出罪判断

其次，是发卡银行提供给行为人与其经济状况和收入情况极不相符的高额授信的情况。如上文所述，信用卡审批环节中的用户画像以及持卡人填写的信用卡申请表会提供给发卡银行清晰的申请人收入水平和风险水平信息，申请人的收入水平和风险等级不仅是决定是否对其发放信用卡的关键，更是决定持卡人授信额度的关键。授信额度是发卡银行基于持卡人的收入水平和收入预期给予持卡人用以透支消费的具体限额。而在信用卡风险管控流程中，一个常被外界忽视的风控手段即是额度的设置。通常情况下，申请人的工作岗位的平均年收入是授信额度设置的主要依据。授信额度的原理是通过额度的设置，来确保申请人的收入能力可以保证持卡人能够如约归还欠款，若授信的额度超过了申请人的收入水平，则无法保障持卡人会对超出其收入能力外的高额授信部分如约归还欠款，增加信用卡坏账的风险。换言之，发卡银行给予持卡人与其收入水平和信用情况越不匹配的授信额度，就越无法控制与持卡人信用交易中超出持卡人还款能力范围外的信用风险。那么，发卡银行在放松对申请人基本信息进行审核，给予申请人与其收入水平极其不符的授信额度时，说明发卡银行自身已知晓申请人存在着发卡银行不能控制的、不能如约归还欠款的风险。

具体在恶意透支型信用卡诈骗罪中，发卡银行明明可以选择通过信用额度的合理设置来保障行为人的还款能力来进行有效的自我保护，并且，根据行为人与发卡银行之间的信用卡申领条约，发卡银行有权利根据行为人资信变化情况调整对行为人的授信额度，通过限制授信额度来降低行为人恶意透支更多数额的风险。但是发卡银行却仍然为了使行为人能够超额消费或产生逾期来增加其短期内的利息收入而选择授以持卡人与其收入水平不匹配的信用额度或不调整对行为人的授信额度。根据高额授信额度与行为人收入水平不佳之间的对比关系，发卡银行实际上已经对行为人持卡消费后不能如约归还欠款的风险有着来自经验性以及专业性的认识。发卡银行在设置高额授信时已经认识到了与行为人信用交易中的具体风险，行为人很可能无法归还超过自身还款能力部分的透支款项，但发卡银行却仍然出于投机冒险的心理放任风险的发生。在此情况下，发卡银行实际上已经对行为人是否会对超过其还款能力范围外的每一笔消费会如约归还产生了具体怀疑，那么，就不能认为发卡银行在行为人超过其还款能力之外的高额授信部分实施欺骗行为时陷入了认识错误。因此，发卡银行凭借专业性以及经验性的认识，已经识别到了与行为人信用交易中的风险。此时，发卡银行对超过行为人收入水平之外的高额授信部分是具有自我保护能力的，发卡银行能够通过不授予过高的信用额度或及时调整信用额度来进行自我保护，但却放弃了对自身法益的保护，转向以刑法相关罪名的设置来保障其资金的安全和信用利益的实现显然是不合理的。在此情景中，发卡银行对超过行为人收入水平之外的高额授信部分所对应的财产和信用利益不具有刑法的需保护性和值得保护性，行为人对超过其还款水平之外的高额授信部分进行透支不还的不具有实质违法性，行为人超过还款水平之外的高额授信部分不构成犯罪。在恶意透支型信用卡诈骗罪的司法实践中，裁判者需要关注根据行为人的收入能力和收入水平、发卡银行的正常或标准授信额度范围来判断授信额度是否过于超出行为人从事工作的平均年收入。在此基础上，要对行为人的犯罪数额计算或是否构罪进行分别判断。首先，如果行为人在与其收入水平相符的额度内恶意透支，透支数额在50000元人民币以上，满足数额较大的标准，则不能将行为人在超过其收入水平的额度外透支不还的数额予以累加，此情景中的犯罪数额不包括行为人在超过其收入水平的额度外透支不还的数额。其次，如果行为人在与其

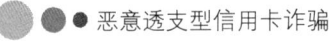

收入水平相符的额度内恶意透支，透支数额在 50000 元人民币以下，不满足数额较大的标准，则不构成犯罪，直接对行为人予以出罪处理，行为人在超过其收入水平的额度内透支不还的应作为信用卡逾期纠纷，交由民事手段予以处理。

四 风险管控懈怠使高风险行为人得以继续恶意透支的出罪判断

在行为人信用卡产生逾期，发卡银行已经对行为人进行催收后，行为人没有任何还款行为仍然可以使用信用卡的情形中，根据征信系统以及发卡银行内部的风险管控工具，发卡银行对持卡人是否逾期、逾期多久是可以实现实时动态掌握的。通常来讲，在持卡人出现第一次逾期时，发卡银行会在内部系统上对持卡人逾期情况进行标记，提升其风险等级，逾期时间越久，风险等级就越高。亦即，持卡人逾期时间越久，发卡银行就越能够清楚地认识到持卡人会还款的可能性极小。在发卡银行认识到持卡人不会归还欠款时，为了防止其财产和信用利益的进一步损失，于发卡银行内部风险管控而言，发卡银行应该选择对持卡人所使用的信用卡进行停卡、冻结等进行自我保护。具体在恶意透支型信用卡诈骗罪中，在行为人已经存在信用卡逾期且经过银行催收后仍然没有进行归还欠款的情况下，可以说明发卡银行已然认识到行为人不归还欠款的可能性极大，与行为人继续信用交易的风险性极高。根据《刑法》第一百九十六条的规定，如果行为人满足构成要件，且经过发卡银行两次催收后仍不归还，就可以认定为行为人构成恶意透支型信用卡诈骗罪。只要经过发卡银行的两次催收并超过三个月没有归还的话，发卡银行就可以对行为人恶意透支的行为报案，交由刑事手段保护自身的财产和信用利益。也就是说，从程序上来看，只要经过两次催收，于发卡银行来说就可以判断行为人不会归还欠款，意图给自身造成财产损失。发卡银行明晰经过两次催收后行为人超过三个月不予归还可以选择报警，却没有对经过两次催收仍不归还的行为人予以停卡、冻结处理，而是为了产生更多逾期费用以及利息任由行为人继续使用信用卡进行透支消费。在此情况下，行为人经过两次催收后仍未归还欠款，发卡银行实际上已经识别到了与行为人信用交易中存在的具体风险，并有能力可以进行自我保护，对行为人进行停卡、冻结处理，化解该交易中的风险，防止行为人进一步侵害自身财产和信用利益。

因此，在经过发卡银行两次催收后没有归还欠款行为人却仍然能正常使用信用卡进行透支消费的情景中，发卡银行并不能确信行为人继续使用信用卡进行透支消费后可以按照申领协议如约归还，相反，发卡银行已经对行为人的还款能力和还款意愿产生了具体怀疑，发卡银行没有陷入认识错误，符合发卡银行过错的条件。此时，发卡银行选择为了实现更多的利息收入进行风险投机，在能够自我保护时而不去自我保护，被害人发卡银行不具有应保护性也没有需保护性。因而，在恶意透支型信用卡诈骗罪的司法实践中，裁判者需要关注发卡银行催收的时间点和行为人每一次透支消费的时间点。对于行为人信用卡逾期后，经过发卡银行的两次催收仍没有归还透支款项，却仍然能正常使用信用卡的情形要进行分别判断。首先，如果行为人经两次催收前的透支本金超过了50000元人民币，符合数额较大的情形，构成恶意透支型信用卡诈骗罪，则经发卡银行两次催收后行为人仍能使用信用卡进行消费透支不还的数额不能累加到犯罪数额当中。其次，如果行为人经发卡银行两次催收前的透支本金没有超过50000元人民币，无论行为人经发卡银行两次催收后未归还的透支本金是否超过50000元，由于行为人催收后的透支消费部分对应的发卡银行财产和信用利益不值得刑法保护，行为人不构成犯罪，应对行为人进行出罪处理，行为人信用卡逾期的全部款项应是行为人与发卡银行之间的经济纠纷，不应交由刑法处理。

五 疏忽资信情况变化使高风险行为人得以恶意透支的出罪判断

在行为人使用发卡银行 A 发放的信用卡出现逾期不还的情况后，还能正常使用发卡银行 B 发放的信用卡的情形中，通常情况下，当持卡人使用信用卡出现逾期，且超过发卡银行设置的宽限期后，持卡人逾期的相关信息就会上传至征信系统,当其他发卡银行使用征信系统时,将会查阅到持卡人在其他发卡银行处的逾期记录,而定期查看持卡人的征信记录是发卡银行日常风险监管的必要环节之一。那么对于发卡银行的内部风险管控而言,如果发卡银行 B 通过征信系统掌握了持卡人于发卡银行 A 的逾期记录,就可以判定持卡人的信用状况以及还款能力出现了一定的问题。持卡人于发卡银行 A 的逾期时长越久,欠款金额越多,那么持卡人的信用风险就越高,持卡人使用发卡银行 B 发放的信用卡恶意透支的可能性就越高。那么对于发卡银行 B 来说,当其已经掌握了持卡人使用发卡银行 A 发放的信用卡逾期且没有任何还款记录之后,就已经认识到了持卡人是具有高风险的,为了保护其自身财产与信用利益,发卡银行 B 应该对持卡人信用卡进行限制使用或停卡处理。[①] 具体到恶意透支型信用卡诈骗罪中,发卡银行实时掌握行为人资信的动态变化情况是发卡银行开展信用卡业务风险管控的必要过程,在确定行为人于其他发卡银行处逾期不还,存在资信下降的信用不良记录时,发卡银行已经认识到了与行为人信用交易中风险升高的事实。当行为人于其他发卡银行处的逾期时长已超两个月时,[②] 发卡银行就能够认识到行为人极大几率也不能归还本银行的透支本金。

因此,在发卡银行已掌握行为人于其他发卡银行处逾期两个月不还的前提下,发卡银行不能确信行为人继续使用信用卡进行透支消费后可以按照申领协议如约归还,发卡银行没有就行为人会按照约定归还欠款这一事实产生认识错误。当发卡银行发现行为人于其他银行处逾期两个月仍未归还欠款时,发卡银行可以选择通过限制使用或冻结信用卡的方

[①] 以工商银行牡丹卡申领条约为例,条约中规定:"发卡机构有权基于持卡人交易行为违反法律法规、监管规定、发卡机构相关政策规定、资信状况下降或出现可能影响正常经营的风险情况、与中国工商银行签订的其他借款合同违约、信用卡逾期、预留的身份证件失效且未主动及时联系发卡机构更新等原因或为维护持卡人账户资金安全等目的,暂时限制或停止持卡人使用名下全部牡丹信用卡。"

[②] 以招商信用卡为例,招商银行信用卡逾期超过两个月,将会被停卡。这意味着发卡银行基于经验和专业知识判断,持卡人逾期两个月仍未还款说明持卡人的风险性极高,只有对持卡人进行停卡才能防止持卡人对发卡银行的财产以及信用利益进行进一步的侵害。

法进行自我保护，但却仍然选择于高风险中于行为人进行信用交易。在此情况下，发卡银行处分财产不是基于其陷入了认识错误，而是在其心存投机的具体怀疑下处分了财产。那么，在发卡银行识别到风险且能够化解风险时，不能将发卡银行自身消解风险、自我保护的任务交给刑法，在此情形下发卡银行没有需保护性和应保护性，符合发卡银行过错的条件，行为人的行为不具有实质违法性。因而，在恶意透支型信用卡诈骗罪的司法实践中，裁判者要仔细审查行为人的征信报告，重点关注行为人于各家发卡银行的逾期两个月仍未还款的日期以及行为人之后是否有还款的情况，并将行为人于其他银行信用卡逾期时间与行为人于案发银行透支消费时间点进行结合分析。若行为人于案发银行透支消费的时间晚于行为人于其他银行逾期两个月未还的时间点，则可以认定行为人此时间点的透支后不还没有侵犯案发银行的法益，行为人不构成犯罪，应对行为人进行出罪处理。若行为人于案发银行消费透支不还的时间跨度较长，分别在其于其他银行逾期两个月之前及之后都使用案发银行信用卡进行透支消费后未归还，则应分别认定行为人透支不还行为的性质。具体来说，若行为人于其他银行逾期两个月未还之前使用案发银行信用卡进行消费透支数额超过 50000 元人民币，符合数额较大的标准，则构成恶意透支型信用卡诈骗罪，但行为人于其他银行逾期两个月仍未还之后于案发银行透支未还的数额则不能计入到犯罪数额当中。而若行为人于其他银行逾期两个月未还之前使用案发银行信用卡进行消费透支数额没有超过 50000 元人民币，则不构成犯罪，应对行为人做出罪处理。

综上所述，通过对司法实践中存在的发卡银行过错的情形出罪思路进行分析，可以发现根据"发卡银行是否确信行为人继续使用信用卡进行透支消费后可以按照申领协议如约归还"这一标准，可以较为轻松地判断个案中是否存在发卡银行过错的情况。即使将来恶意透支型信用卡诈骗罪的司法实践中的发卡银行过错可能会表现为更为复杂的形式，但借由这一标准都可以清晰地完成是否存在被害人过错这一条件的判断。

通过将没有侵犯恶意透支型信用卡诈骗罪双重法益的行为排除在刑事处罚范围之外，可以有效地限缩司法适用，有针对性地改善当下恶意透支型信用卡诈骗罪司法适用扩张的现象。此外，"法律是一个改变激励因素的体系"[1]，将应由发卡银行自行负责的财产损失和利益受损的结果分配给发卡银行的本质实则是对行为人与被害人权利和义务的重新分配。通过刑法不保护发卡银行放弃自我保护的法益，来促使发卡银行审慎经营信用卡业务、精细风险管理，真正从源头上解决恶意透支高发的问题。

---

[1] ［美］波斯纳：《正义/司法的经济学》，苏力译，中国政法大学出版社2002年版，第75页。

结　语

　　早在2018年初，笔者就观察到了恶意透支型信用卡诈骗罪不合理的高发态势，并考虑将其作为博士学位论文选题。在对恶意透支型信用卡诈骗罪裁判文书所表现出的司法样态以及恶意透支型信用卡诈骗罪的法律规范进行检视后，笔者将恶意透支型信用卡诈骗罪的异常高发态势归结于相关规范性法律文件不够完备，并试图从立法完善这一维度对恶意透支型信用卡诈骗罪进行修正。但是，2018年11月"两高"出台了《关于修改〈关于办理妨害信用卡管理刑事案件具体应用法律若干问题的解释〉的决定》（以下简称2018年《解释》），对恶意透支型信用卡诈骗罪进行了"大刀阔斧"的修改，从入罪数额的大幅提高到"有效催收"概念的提出，从对非法占有目的实质考察的强调到出罪标准的增设，无一不在体现有权解释机关的试图限缩恶意透支型信用卡诈骗罪司法适用的根本用意。而2018年《解释》的修改内容几乎涵盖了笔者当时所有完善立法的构想，因此在2018年年末笔者无奈之下放弃了这一选题。但是，2019年年末，笔者在进行其他项目研究时再次涉及了恶意透支型信用卡诈骗罪的相关内容，在对2018年《解释》实施后恶意透支型信用卡诈骗罪的裁判文书进行分析时发现，虽然实务中恶意透支案件的数量已明显下降，但恶意透支型信用卡诈骗罪的司法扩张趋势并没有得到有效缓解。因此，笔者在前期的研究基础上再一次开始了对恶意透支型信用卡诈骗罪的研究，并发现恶意透支型信用卡诈骗罪司法适用扩张的根本原因并不在于有关法律规范不够完备。

在对恶意透支型信用卡诈骗罪裁判文书进行深入、详尽的分析后，笔者发现恶意透支型信用卡诈骗罪司法适用扩张的根源在于对恶意透支型信用卡诈骗罪保护法益的定位出现了偏差，以及没有考量发卡银行过错的作用，并在此基础上展开了对保护法益的确认和发卡银行过错如何影响对行为人的不法判断以及司法适用入罪与出罪双轨制路径的研究。在对恶意透支型信用卡诈骗罪保护法益的分析中，笔者在论述恶意透支型信用卡诈骗罪的保护法益是财产法益的同时，基于当下信用经济的时代背景以及对破坏信用的教义学解读，确定了恶意透支型信用卡诈骗罪保护法益之一是信用利益。于刑法学理论研究中，信用利益可以说是一个"新兴"概念，笔者较为详尽地论述了信用利益的特征以及恶意透支型信用卡诈骗罪中信用利益被侵犯的具体过程。笔者认为，在当下国家大力发展信用经济，各类信用支付工具不断推陈出新的背景下，可以想见未来以各类新型信用支付工具为犯罪工具的相关犯罪的发生概率与趋势。而信用利益的理论内涵丰富且外延明确，能够清晰地阐释所有以信用支付工具为犯罪工具的新型犯罪的实质违法性，应作为信用经济时代下的金融犯罪的理论研究重点。此外，笔者在对发卡银行过错作用的研究中，发现了发卡银行过错与被害人信条学的高度契合。被害人信条学所蕴含的对个罪保护范围的判断思路正是当下恶意透支型信用卡诈骗罪理论研究的缺失部分，且被害人信条学饱受争议的被害人是否可以通过与刑法同样有效的行为进行自我保护也于发卡银行这一特殊主体身份具有谨慎义务和风险识别能力的论述中得到了有效解答。并在此基础上，对恶意透支型信用卡诈骗罪实务中出现的四种较为突出的发卡银行过错的出罪思路与判断进行了分析。笔者深知，自身的学术水平与能力有限，对信用利益的界定和被害人过错于恶意透支型信用卡诈骗罪中的适用只是一种尝试或是一种初探。对信用利益的专题深入研究，对被害人过错于金融诈骗罪中的普适性研究以及探索限缩恶意透支型信用卡诈骗罪司法适用的其他路径仍然是刑法学研究中值得深思、钻研的议题。

参考文献

一 中文文献

（一）专著类

白建军：《金融欺诈及预防》，中国法制出版社1994年版。

陈兴良：《刑法哲学》，中国政法大学出版社2000年版。

陈学军：《金融犯罪面面观》，中国法制出版社1996年版。

储槐植：《刑事一体化》，法律出版社2004年版。

高铭暄、马克昌：《中国刑法解释》（下卷），中国社会科学出版社2006年版。

高铭暄、王作富：《新中国刑法理论与实践》，河北人民出版社1988年版。

高铭暄：《刑法学原理》（第一卷），中国人民大学出版社1993年版。

顾肖荣：《经济刑法总论比较研究》，上海社会科学院出版社2008年版。

郭建安：《犯罪被害人学》，北京大学出版社1997年版。

黄荣坚：《基本刑法学》，中国人民大学出版社2009年版。

黄韬：《"金融抑制"与中国金融法治的逻辑》，法律出版社2012年版。

李海东：《刑法原理入门：犯罪论基础》，法律出版社1998年版。

林山田：《经济犯罪与经济刑法》，台北：三民书局1981年版。

刘明祥：《财产罪比较研究》，中国政法大学出版社2001年版。

刘宪权：《金融犯罪刑法学原理》，上海人民出版社2017年版。

刘宪权、杨兴培：《刑法学专论》，北京大学出版社2007年版。

刘远：《金融诈骗罪研究》，中国检察出版社2007年版。

毛玲玲：《金融犯罪的实证研究——金融领域的刑法规范与司法制度反思》，法律出版社2014年版。

任玉芬：《刑事被害人学》，中国人民公安大学出版社1997年版。

申柳华：《德国刑法被害人信条学研究》，中国人民公安大学出版社2011年版。

沈洪波、曹军：《信用卡风险和消费者行为研究》，复旦大学出版社2019年版。

施天涛：《商法学》，法律出版社2004年版。

王世洲：《德国经济犯罪与经济刑法研究》，北京大学出版社1999年版。

王新：《金融刑法导论》，北京大学出版社1998年版。

吴晶妹：《三维信用论》，当代中国出版社2013年版。

夏元琦、年志远：《中国银行业信用卡制度优化研究》，中国社会科学出版社2020年版。

曾康霖、王长庚：《信用论》，中国经济出版社2004年版。

张明楷：《法益初论》，中国政法大学出版社2000年版。

张明楷：《刑法分则的解释原理》，中国人民大学出版社2004年版。

张明楷：《刑法格言的展开》，北京大学出版社2013年版。

张明楷：《刑法学》（第五版），法律出版社2016年版。

张明楷：《诈骗罪与金融诈骗罪研究》，清华大学出版社2006年版。

张智勇、初红漫：《被害人过错与罪刑关系研究》，中国政法大学出版社2013年版。

赵永林：《信用卡安全机制与法律问题研究》，法律出版社2011年版。

（二）论文集

方小敏：《中德法学论坛》，法律出版社2018年版。

姜伟：《刑事司法指南》，法律出版社2004年版。

魏昌东、顾肖荣：《经济刑法》，上海社会科学院出版社2018年版。

(三）译著

《德国刑法典》（2002 年修订），徐久生、庄敬华译，中国方正出版社 2004 年版。

［德］汉斯·海因里希·耶赛克、托马斯·魏根特：《德国刑法教科书》，徐久生译，中国法制出版社 2001 年版。

［德］克劳斯·罗克辛：《德国刑法学总论》，王世洲译，法律出版社 2005 年版。

［德］李斯特：《德国刑法教科书》，徐久生译，法律出版社 2006 年版。

［德］乌尔斯·金德霍伊泽尔：《刑法总论教科书》，蔡桂生译，北京大学出版社 2015 年版。

［德］许乃曼：《不移不惑献身法与正义——许乃曼教授刑事法论文选辑》，许玉秀、陈志辉等译，台北：新学林出版股份有限公司 2006 年版。

［美］波斯纳：《正义/司法的经济学》，苏力译，中国政法大学出版社 2002 年版。

［日］美浓部达吉：《法之本质》，林纪东译，台北：商务印书馆 1993 年版。

［日］山口厚：《刑法总论》，付立庆译，中国人民大学出版社 2001 年版。

［英］约翰·穆勒：《政治经济学原理》（下卷），胡企林、朱泱译，商务印书馆 1991 年版。

（四）期刊论文

安文录、李睿：《恶意透支行为刑事司法认定问题研究》，《刑法论丛》2010 年第 3 期。

白建军：《大数据对法学研究的些许影响》，《中外法学》2015 年第 3 期。

曹光宇：《2019 年银行年报之信用卡专题解读》，《中国信用卡》2020 年第 6 期。

车浩：《从华南虎照案看诈骗罪中的受害者责任》，《法学》2008 年第 9 期。

车浩：《自我决定权与刑法家长主义》，《中国法学》2012 年第 1 期。

陈晨：《新形势下外汇犯罪司法实务若干问题研究》，《中国刑事法杂志》2017 年第 4 期。

陈启：《透支利率放开对银行信用卡业务的影响》，《财会信报》2021 年第 4 期。

陈兴良：《被害人有过错的故意杀人罪的死刑裁量研究——从被害与加害的关系切入》，《当代法学》2004 年第 2 期。

陈兴良：《法定犯的性质和界定》，《中外法学》2020 年第 6 期。

陈旭文：《西方国家被害人过错的刑法意义》，《江南大学学报》（人文社会科学版）2004 年第 1 期。

都夏：《我国商业银行的信贷风险及防范机制分析》，《财经管理》2019 年第 11 期。

冯军：《刑法中的自我答责》，《中国法学》2006 年第 3 期。

冯涛：《恶意透支信用卡诈骗罪的认定及立法完善》，《中国刑事法杂志》2004 年第 1 期。

冯卫军：《被害人自我答责与过失犯》，《法学家》2013 年第 4 期。

高铭暄、张杰：《刑法学视野中被害人问题探讨》，《中国刑事法杂志》2006 年第 1 期。

耿磊：《〈关于修改《关于办理妨害信用卡管理刑事案件具体应用法律若干问题的解释》的决定〉的理解与适用》，《人民司法》2019 年第 1 期。

猴泽昆：《诈骗罪中被害人的怀疑与错误——基于被害人解释学的研究》，《清华法学》2009 年第 5 期。

顾肖荣：《战后日本经济刑法和经济犯罪研究的演进》，《上海社会科学院学术季刊》1991 年第 3 期。

郝士鹏：《新规助力信用卡利率市场化全面提速》，《中国信用卡》2016

年第 5 期。

何荣功：《非法占有目的与诈骗案件的刑民界分》，《中国刑事法杂志》2020 年第 3 期。

何自云：《量化管理：商业银行依然面临的挑战》，《农村金融研究》2010 年第 7 期。

黄劲松、赵平、王高、陆奇斌：《基于顾客角度的市场占有率研究》，《中国管理科学》2004 年第 2 期。

雷鹏、杨帅：《应对信用卡危机的经验与启示——基于日本、韩国、中国台湾的比较分析》，《银行家》2019 年第 7 期。

黎宏：《过失犯若干问题探讨》，《法学论坛》2010 年第 3 期。

黎宏、刘军强：《被害人怀疑对诈骗罪认定影响研究》，《中国刑事法杂志》2016 年第 6 期。

李强：《财产犯中财产性利益的界定》，《法学》2017 年第 12 期。

李勇：《经济犯罪"口袋化""形式化"之反思》，《经济刑法杂志》2021 年第 20 期。

梁根林：《非刑罚化——当代刑法改革的主题》，《现代法学》2000 年第 6 期。

梁万泉：《信用卡盈利模式比较和借鉴》，《金融与经济》2009 年第 3 期。

林荫茂：《保险诈骗犯罪定性问题研究》，《政治与法律》2002 年第 2 期。

刘超：《商业银行风险管理模型的性质及启示》，《上海金融》2011 年第 3 期。

刘华：《信用卡犯罪中若干疑难问题探讨》，《法学》1996 年第 9 期。

刘明祥：《论信用卡诈骗罪》，《法律科学》2001 年第 2 期。

刘明祥：《用拾得的信用卡在 ATM 机上取款行为之定性》，《清华法学》2007 年第 4 期。

刘宪权、庄绪龙：《"恶意透支"型信用卡诈骗罪若干问题研究——兼评"两高"〈关于办理妨害信用卡管理刑事案件问题的解释〉之有关内容》,《当代法学》2011 年第 1 期。

刘远、赵玮:《论金融犯罪的概念与地位》,《河北法学》2005 年第 7 期。

马向军:《韩国信用卡危机对我国信用卡发展的启示》,《中国城市金融》2005 年第 6 期。

毛玲玲:《恶意透支型信用卡诈骗罪的实务问题思考》,《政治与法律》2010 年第 11 期。

宁建海、乔萍萍:《论恶意透支型信用卡诈骗罪的法律适用》,《中国刑事法杂志》2011 年第 12 期。

牛江涛、田秋生:《当代市场经济运行的信用经济本质剖析——美国"次贷"危机引发的经济学暨政策思考之一》,《东北亚论坛》2009 年第 4 期。

齐文远、魏汉涛:《论被害人过错影响定罪量刑的根据》,《西南政法大学学报》2008 年第 1 期。

钱小平:《中国金融刑法立法的应然转向:从"秩序法益观"到"利益法益观"》,《政治与法律》2017 年第 5 期。

曲新久:《恶意透支之信用卡诈骗罪的认定》,《人民公安》2002 年第 4 期。

上海市高级人民法院课题组:《金融危机背景下的金融风险防范——以信用卡纠纷为视角》,《法律适用》2009 年第 9 期。

舒洪水、张晶:《法益在现代刑法中的困境与发展——以德、日刑法的立法动态为视角》,《政治与法律》2009 年第 7 期。

唐国储、李选举:《新巴塞尔协议的风险新理念与我国国有商业银行全面风险管理体系的构建》,《金融研究》2003 年第 1 期。

王华伟:《恶意透支的法理考察与司法适用》,《法学》2015 年第 8 期。

王骏:《论被害人的自陷风险——以诈骗罪为中心》,《中国法学》2014 年第 5 期。

王新清、袁小刚:《论刑事案件中的被害人过错》,《中国刑事法杂志》2008年第5期。

魏昌东:《中国金融刑法法益之理论辨正与定位革新》,《法学评论》2017年第6期。

魏昌东:《中国经济刑法法益追问与立法选择》,《政法论坛》2016年第6期。

谢望原、张开骏:《非法吸收公众存款罪疑难问题研究》,《法学评论》2011年第6期。

徐岱、白玥:《论中国特色法治体系下刑法观念的冲突与均衡》,《社会科学战线》2020年第9期。

徐凌波:《德国银行卡滥用行为的理论与实务》,《刑事法评论》2015年第1期。

徐凌波:《金融诈骗罪非法占有目的的功能性重构——以最高人民检察院指导案例第40号为中心》,《政治与法律》2018年第10期。

徐凌波:《论财产犯的主观目的》,《中外法学》2016年第3期。

徐凌波:《欺骗行为的体系位置与规范本质》,《法学》2021年第4期。

薛喜梅:《基于大数据云计算的信用卡风险管理平台研究》,《中国经贸导刊》2016年第26期。

杨世华、孙迎春、王萍:《恶意透支型信用卡诈骗犯罪案件司法认定中存在的问题及对策研究》,《中国检察官》2017年第12期。

于改之、李川:《我国信用卡犯罪的立法缺陷及其完善》,《云南大学学报》(法学版)2006年第1期。

于小改:《被害人对于欺骗行为不法的作用》,《中国刑事法杂志》2012年第5期。

虞云、张倩、戴彬:《信用卡危机的国际比较研究》,《中国物价》2020年第4期。

张德芬:《论信用卡法律关系的独立性和牵连性》,《河北法学》2005年第4期。

张建伟：《"法律与金融"交叉研究漫谈（下）》，《金融法苑》2008年第4期。

张建、俞小海：《恶意透支型信用卡诈骗罪出罪之实践反思与机制重构》，《中国刑事法杂志》2013年第12期。

张明楷：《恶意透支型信用卡诈骗罪的客观处罚条件——〈刑法〉第196条第2款的理解与适用》，《现代法学》2019年第2期。

张明楷：《关于增设背信罪的探讨》，《中国法学》1997年第1期。

张明楷：《论表面的构成要件要素》，《中国法学》2009年第2期。

张明楷：《刑罚目的论纲》，《环球法律评论》2008年第1期。

张明楷：《刑法中危险接受的法理》，《法学研究》2012年第5期。

章政、张丽丽：《论从狭义信用向广义信用的制度变迁——信用、信用经济和信用制度的内涵问题辨析》，《征信》2019年第12期。

赵秉志、许成磊：《恶意透支型信用卡诈骗犯罪问题研究》，《法制与社会发展》2001年第3期。

周铭川：《论恶意透支型信用卡诈骗罪的本质》，《东方法学》2013年第5期。

周怡：《信任模式与市场经济秩序——制度主义的解释路径》，《社会科学》2013年第6期。

朱晓艳：《被害人自我答责的司法适用研究》，《政治与法律》2020年第9期。

庄劲：《被害人危险接受理论之反思》，《法商研究》2017年第2期。

庄绪龙：《论经济犯罪的"条件性出罪机制"——以犯罪的重新分类为视角》，《政治与法律》2011年第1期。

（五）学位论文

刘军：《刑法学中的被害人研究》，博士学位论文，吉林大学，2010年。

万选才：《刑法谦抑的司法实现》，博士学位论文，武汉大学，2012年。

邢永俐：《信用利益论》，博士学位论文，复旦大学，2013年。

张少林：《被害人行为刑法意义之研究》，博士学位论文，华东政法大学,2010年。

二 外文文献

(一)期刊论文、著作

Tracey L. Meares,"Exploring departures based on the victim's wrongful conduct: U. S. V. Koon", *Federal Sentencing Reporter*, Vol. 7, No. 4, 1995.

Willamson, O., *The Economic Institute of Capitalism*, New York: Free Press, 1985.

(二)连续出版物中的析出文献

Amelung, Irrtum und Zweifel des Getaeuschten beim Betrug, GA, 1977, S.

Edward S. Shaw, *Financial deepening in Economic Development*, Oxford University Press, Chapter 4, "Financial Repression", pp. 80 – 1133.

Ronald I. McKinnon, *Money and Capital in Economic Development*, The Brookings Institution, Chapter 7, "Financial Repression and Inflation", 1983, pp. 68 – 89.

Roxin, Strafrecht AT, 2006, §14 Rn. 25.